供应链环境成本内部化机制研究

刘 倩 著

北 京
冶 金 工 业 出 版 社
2022

内 容 简 介

本书将企业的环保投资行为拓展到供应链范畴内，对供应链环境成本内部化机制问题进行研究。本书在对国内外相关研究进行梳理并厘清概念的基础上，对供应链环境成本内部化过程中的相关利益群体博弈均衡机制、供应链企业环保投资决策机制、供应链成员企业收益分配机制以及政府环境规制问题进行了探讨。按照从理论建构到实证分析的逻辑，对供应链环境成本内部化的过程机理进行了全流程分解阐释，希望能为推动供应链范畴内的环境管理行为和优化政府环境规制政策提供参考。

本书适合于企业管理人员、高校及科研院所研究人员及对供应链环境成本内部化感兴趣的读者阅读。

图书在版编目(CIP)数据

供应链环境成本内部化机制研究/刘倩著. —北京：冶金工业出版社，2021.2（2022.11 重印）

ISBN 978-7-5024-8727-0

Ⅰ.①供… Ⅱ.①刘… Ⅲ.①企业管理—供应链管理—研究 ②企业环境管理—成本管理—研究 Ⅳ.①F274 ②X322

中国版本图书馆 CIP 数据核字(2021)第 019624 号

供应链环境成本内部化机制研究

出版发行 冶金工业出版社 **电　话** (010)64027926
地　址 北京市东城区嵩祝院北巷 39 号 **邮　编** 100009
网　址 www.mip1953.com **电子信箱** service@mip1953.com

责任编辑 王　颖　美术编辑 郑小利　版式设计 禹　蕊
责任校对 郭惠兰　责任印制 窦　唯
北京虎彩文化传播有限公司印刷
2021 年 2 月第 1 版，2022 年 11 月第 2 次印刷
710mm×1000mm 1/16；10.75 印张；206 千字；157 页
定价 99.90 元

投稿电话 (010)64027932 投稿信箱 tougao@cnmip.com.cn
营销中心电话 (010)64044283
冶金工业出版社天猫旗舰店 yjgycbs.tmall.com
(本书如有印装质量问题，本社营销中心负责退换)

前　言

2020年新年伊始，一场突如其来的新冠肺炎疫情迅速席卷全球。疫情不仅对民众的生命健康造成严重威胁，也阻碍了全球经济体系的正常运行。面对疫情带来的严重损失，人类开始反思我们现行的生产方式和生活方式，也开始重新思考人与自然的关系。正如恩格斯在《自然辩证法》中所言“我们不要过分陶醉于我们对自然界的胜利。对于每一次这样的胜利，自然界都报复了我们。每一次胜利，在第一步都确实取得了我们预期的结果，但在第二步和第三步却有了完全不同的、出乎意料的影响，常常把第一个结果又取消了。”在大自然面前，人类变得不堪一击，如果不能制止人类生产、生活对环境的破坏，人类必将被大自然反噬。敬畏自然、保护自然、与自然和谐相处，才是实现整个人类社会可持续发展的永恒前提。

环境问题影响了人与自然的和谐发展，而造成当前环境问题的原因之一是环境成本的外部性，即因企业从事生产经营活动产生的污染对环境所造成的危害以及由此导致的环境成本和代价大多由企业以外的社会公众所承受。如果能够通过促使企业投资于环境保护（支付投资成本），减少乃至消除企业活动对环境的污染及损害，形成将外部环境成本转化为企业内部成本的规制，对国民经济的可持续发展无疑具有重大意义。事实上，尽管企业是环境成本内部化的主体，但由于其必然处于某一或某几条供应链上，因此决策行为必然受到供应链上其他成员企业的影响，同时也受到政府、消费者等利益相关群体的影响。鉴于个体企业的经营行为体现为其所在供应链的一环，单纯从某一个体企业角度研究环境成本内部化问题，不能将供应链上下游成员企业间的相互作用影响纳入决策范畴，不便于理顺环境成本内部化的整体实施过程。因此，本书提出，必须将企业的环境成本内部化问题纳入供应链视角下进行研究，探讨供应链成员企业的群体行为。

为了将外部环境成本内部化，企业需进行环保投资，而环保投资决策受到环境容量、政府环境规制政策、企业投资回报和消费者购买行为等环境可持续约束的制约，同时环保投资行为会引致供应链上价值传导关系的演变，企业必须合理决策以正确处理与上述约束条件以及供应链其他成员企业间的关系。本书首先在识别各利益相关者的环境价值诉求基础上，对环境成本内部化问题的中央政府、地方政府和集成供应链的三方博弈进行研究，探析博弈均衡机制；其次，在博弈分析的基础上，构建最优化模型作为决策方法，探讨供应链在约束条件下的环保投资决策机制；再次，从租金贡献的视角探讨成员企业如何就协同收益进行分配以实现供应链系统收益最大化与成员企业收益满意之间的统一；最后，就政府环境规制政策促使企业进行环保投资的作用机理进行了分析并就规制政策的区域差异对供应链环境成本内部化的影响进行研究。通过研究，提供了政府量化环境规制政策的测算方法，构建了考虑环境成本情形下的供应链企业投资决策模型，为成员企业间进行环保投资合作及利益分享提供了决策方法。

本书在编撰过程中，参考了有关文献资料，在此对文献作者表示感谢。

由于作者水平所限，书中不妥之处，敬请读者批评指正。

刘　倩

2020 年 9 月

目　　录

表 目 录

图 目 录

1 导　论

1962 年，美国海洋生物学家蕾切尔·卡逊（Rachel Carson，1907～1964）创作的科普读物《寂静的春天》出版，该书以生动而严肃的笔触描绘了一幅由于农药污染而导致的环境污染、生态破坏的可怕景象，引发公众对环境问题的广泛重视。然而，令人遗憾的是，直到今日，书中描述的场景依然在地球上演。进入 21 世纪以来国内外生态环境事故多发，福建紫金矿业污染导致汀江部分河段污染、安徽博瑞电源有限公司超时违规试生产造成怀宁县多名儿童血铅超标、持续数月的澳大利亚山火导致无数的房屋土地被毁……这些不断发生的生态环境事故和灾难，更像是地球以另一种形式给人类发出的警告，它提醒人们冷静下来，思考如何更好地发展才能减少对生态环境的破坏。重视环境问题，探索经济发展与环境保护间的良性互动模式已成为摆在全人类面前的重要议题。随着环境问题日益成为人们关注的重点以及供应链管理的不断兴起，从集成供应链的视角，探寻环境问题的解决方式对于提高环境治理的效率具有重要作用。然而，追求经济效益最大化的企业往往缺乏解决环境问题的主动性。在这种情况下，政府的环境规制一方面为环境问题的解决提供了有利的推动力，另一方面也是企业进行经济效益与环境效益综合平衡决策的重要外部约束力。

1.1 环境问题

1.1.1 环境问题的本质

2020 年 6 月份，生态环境部发布的《2019 中国生态环境状况公报》[1] 和《2019 中国海洋生态环境状况公报》[2] 显示，2019 年全国生态环境质量总体改善。在大气环境方面，337 个地级及以上城市平均优良天数比例为 82.0%，同比提升 2.7 个百分点；酸雨区面积占国土面积的 5.0%，比 2018 年下降 0.5 个百分点。淡水环境方面，全国地表Ⅰ类至Ⅲ类水质断面比例为 74.9%，同比上升3.9个百分点，劣Ⅴ类水质断面比例为3.4%，同比下降3.3个百分点；湖泊（水库）Ⅰ类至Ⅲ类水质断面比例为69.1%，同比下降2.4个百分点。海洋环境方面，入海河流水质有所提升，一类水质海域面积占管辖海域面积比例由2018年的96.3%提升至97.0%。土地方面，截至2019年底，全国耕地按质量平均登记为4.76级。以上数据和信息显示，随着经济社会的不断发展以及我国生态环境治理体系和现代治理能力现代化的不断完善，我国整体生态环境质量不断改善，但改善程度距离老百姓对美好生活的期盼、距离建设美丽中国的目标还有很大差距，生态环境保护依然面临严峻形势。尤其是在当前中国经济由高速增长阶段转向高质量发展阶段的历史背景下，积极应对环境问题，探索经济增长与环境污染间的良性互动关系，寻求可持续的发展模式，对于提升经济发展质量具有重要的现实意义和深远的历史意义。

工业革命以来，随着经济社会的不断发展和人口的不断增长，全世界范围内的环境污染范围越来越大，危害越来越严重，环境问题已经成为一个国际社会普遍关注的全球性战略问题。20世纪的英国伦敦烟雾事件、美国洛杉矶光化学烟雾事件、日本水俣病事件、印度博帕尔毒气泄漏案等重大环境污染事故已然为人类敲响了警钟。然而，进入21世纪以来，虽然未出现较大范围的区域性环境污染事故，但是雾霾、白色污染、水污染等一系列环境污染问题依然时有发生，探索经济增长与环境保护间的良性互动的发展模式已经成为当代经济发展的重要现实问题。我国过去30多年在保持经济高速增长的同时，也付出了惨重的环境代价。随着综合国力的提升和全体国民对美好生活环境的期待，转变经济发展方式，降低经济活动对环境造成的损害是我国经济高质量增长的重要内容。陆钟武院士曾在《穿越“环境高山”——论经济增长过程中环境负荷的上升和下降》的报告中将发达国家经济增长过程中描述经济增长与环境污染间关系的倒“U”形的环境库兹涅茨曲线（EKC）比喻成“环境高山”[3]，而发达国家经济增长过程中的环境负荷经历了先上升后下降的过程，发达国家的经济增长是一次翻山活动。吸取发达国家的教训，我国经济发展应走与发达国家不同的发展道路，不是从“环境高山”的山顶翻过去而是要从“环境高山”的半山腰穿过去。只有这样，才能以较低的环境负荷换取相同的经济增长速度。为了避免重蹈发达国家覆辙，我国已将环境问题提升到了前所未有的高度。2018年5月份召开的全国第八次生态环境保护大会上提出，要加大力度推进生态文明建设、解决生态环境问题，坚决打好污染防治攻坚战，推动中国生态文明建设迈上新台阶。生态文明建设上升为中华民族永续发展的“根本大计”。

环境经济学家查尔斯·D. 科尔斯塔德（Charles D. Kolstad）指出“环境问题的本质在于经济因素——生产者行为和消费者期望。如果没有经济，大多数环境议题仅仅是化学家和生物学家关注的没有政策意义的研究课题”❶。因此，从经济学视角对环境问题的本质进行分析对于厘清环境问题的根源，探明环境问题的治理对策具有重要的理论意义和现实意义。稀缺性是经济学当中的一个最基本的概念，从环境经济学的角度来看，环境是一种稀缺资源。自然界所提供的各种资源是有限的，而人类的需求和欲望是无限的。自 19 世纪以来，以托马斯·马尔萨斯（Thomas Robert Malthus，1766～1834）、大卫·李嘉图（David Ricardo，1772～1823）等为代表的古典经济学家对环境资源稀缺与经济增长间的矛盾进行了研究。所不同的是，马尔萨斯认为环境资源是绝对稀缺的，而李嘉图则认为环境资源是相对稀缺的。以古典经济学家的观点为基础，以阿尔弗雷德·马歇尔（Alfred Marshall，1842～1924）为代表的新古典经济学家继承和发展了资源稀缺论，并将研究的重心从研究资源的稀缺程度与经济增长间的关系转到了不同的资源配置状况下达到帕累托最优状态的途径。在意识到环境资源的稀缺性基础上，人们普遍意识到稀缺的环境和自然资源具有三种重要的经济功能：一是为生产系统提供所必需的原材料和能源；二是吸收、容纳和降解生产系统和消费系统排放的废弃物和污染物；三是向人类提供自然服务，包括生产过程与环境之间物质和能量的直接物理交换和福利效应。其中，环境污染问题主要与第二个功能相关。环境生产系统从自然系统汲取资源并进行深加工后进入消费系统，伴随着生产系统和消费系统的运行，必然会产生排放到自然系统中的各种排放物。当生产系统和消费系统的排放物在自然环境的承载力范围内时，环境尚可自我修复。一旦进入环境系统的污染物超过了环境容量和环境的自净能力，就会使环境的组成或者状态发生改变，导致环境质量的恶化，进而影响和破坏人们正常的生产和生活条件。因此，将废弃物和污染物限制在生态环境系统能力限度内是构建环境污染与经济增长间良性互动关系的关键。

---

❶ 查尔斯·D. 科尔斯塔德．环境经济学［M］．彭超，王秀芳，译．北京：中国人民大学出版社，2019.

1.1.2 环境污染的外部性

要将废弃物和污染物限制在生态环境系统能力限度内，必须从根源着手，首先明确导致环境问题的原因，进而探寻减少废弃物和污染物的路径。从经济学的角度看，环境成本的外部性是导致生产系统和消费系统向环境系统过量排放废弃物和污染物进而导致当前环境问题的重要原因。在1970年诺贝尔经济学奖获得者保罗·萨缪尔森（Paul A. Samuelson，1915~2009）和2018年诺贝尔经济学奖获得者威廉·诺德豪斯（William D. Nordhaus）合著的《经济学》中将外部性定义为“外部性是指那些生产或消费对其他团体强征了不可补偿的成本或给予了无须补偿的收益的情形”❶。外部性可以分为正外部性（又称为正外部经济效应或外部经济）和负外部性（负外部经济效应或者外部不经济）。正外部性是指一些人的生产或消费使另外一些人受益而又无法向后者收费的情况；负外部性是指一些人的生产或消费使另一些人受损而前者无法补偿后者的现象。早在20世纪20年代，英国著名经济学家、剑桥学派的代表人物阿瑟·塞西尔·庇古（Arthur Cecil Pigou，1877~1959）就有把环境污染看作是外部性的思想。美国经济学家、当代凯恩斯主义的集大成者保罗·萨缪尔森（Paul A Samuelson，1958）也指出，环境污染是一种外部的负经济效应，即外部不经济性❷。环境污染不但破坏了环境的自净能力，也对人们的健康和生产造成严重的影响。从经济学的角度来看，环境污染损害了社会福利并阻碍了经济增长。

环境成本的负外部性是指造成环境污染的主体只承担了环境成本的一部分（即内部环境成本[4]），而大量的外部环境成本却由污染主体以外的社会公众和政府最终承担，环境污染主体承担的环境成本小于社会环境成本。企业的外部环境成本主要是指产品生产过程中对环境形成污染、破坏而造成的环境损失所形成的，企业未承担而由社会公众和政府承担的成本，例如企业在生产过程中对水、空气等造成了污染，污染影响到了社会公众的生活质量，政府采取措施消除环境污染而发生的费用。通常来说，环境成本的负外部性

---

❶ 保罗·萨缪尔森，威廉·诺德豪斯. 经济学［M］. 萧宸，译. 北京：商务印书馆，2012.

❷ Samuelson P A. Aspects of public expenditure theories［J］. Review of Economics and Statistics，1958，40（4）：332-338.

对应着以末端治理为主的环境治理方式，与截污技术、清洁生产技术等从源头上减少污染的源头治理方式相比，末端治理的效果差、花费大，且环境成本分摊不符合“谁污染谁治理”的原则。导致环境成本的负外部性的根本原因是环境降解、吸收和容纳生产系统与消费系统污染物和废弃物的功能具有公共物品的特征，因此，难以避免产生“公地悲剧❶”。“公地”作为一项公共财产或者资源拥有众多的使用者，但是每个人都没有权力组织其他人使用，从而造成资源过度使用和枯竭。根据“公地悲剧”的理论假设，在缺乏有效约束的前提下，每个人、每个企业都追求自身利益最大化而忽视公共利益，由此造成环境污染❷。

1.1.3 环境成本的内部化

环境污染是典型的外部不经济，要克服外部不经济，需要将外部环境成本内部化，即将外部环境成本内部化为私人成本。英国著名经济学家、新古典学派的创始人阿尔弗雷德·马歇尔（Alfred Marshall，1842~1924）把企业内分工而带来的效率提高称作是内部经济，把企业间分工而导致的效率提高称作是外部经济。他虽然没有明确提出内部不经济性和外部不经济性的概念和含义，但从逻辑上可以推理出来。庇古（Arthur Cecil Pigou，1877~1959）在马歇尔提出的“外部经济”概念基础上扩充了“外部不经济”的概念和内容，认为生产厂商的边际私人净产值和边际社会净产值的不一致现象，就是生产的外部性，如果边际私人净产值大于边际社会净产值，则出现边际社会成本，称之为“外部不经济”；否则称之为“外部经济”。新制度经济学的鼻祖、1991年诺贝尔经济学奖获得者罗纳德·科斯（Ronald H. Coase，1910~2013）在其代表性著作《社会成本问题》一文中，批评了庇古关于“外部性”问题的政府干预理论，并论证了在产权明确的前提下，市场交易即使在出现外部性的场合同样有效。从马歇尔的“外部经济”理论，到庇古的“庇古税”理论，再到科斯的“科斯定理”，是外部性理论发展的三块里程碑❸。

---

❶ 1968年，英国教授加勒特·哈丁（Garrett Hardin）在《The tragedy of the commons》一文中首先提出“公地悲剧”理论，指的是有限的资源注定因自由使用和不受限的要求而被过度剥削.

❷ 严晓萍，戎福刚.“公地悲剧”理论视角下的环境污染治理［J］. 经济论坛，2014（7）：172-174.

❸ 沈满洪，何灵巧. 外部性的分类及外部性理论的演化［J］. 浙江大学学报（人民社会科学版），2002，（1）：153.

在外部性的概念被广泛接受之后，如何解决外部性造成的市场失灵成为学术界关注的重点。外部性理论的观点认为，解决外部性问题要将外部效应内部化，即将生产者或者消费者产生的外部费用纳入他们的生产和消费决策中，由他们自己承担或者“内部消化”，从而弥补外部成本与社会成本之间的差额。但是究竟该如何促使企业或者消费者将外部性内部化呢？在这一问题上庇古和科斯的观点截然不同。庇古认为对造成负的环境外部影响的行为征税并对引起正的环境外部性的行为进行补贴，就能解决由于市场失灵而导致的环境问题；而科斯[10]则试图通过市场方式解决外部性问题，认为解决外部性问题应该从社会总产出最大化或损害最小化的角度考虑，而不能局限于私人成本和社会成本的比较。庇古的理论强调政府的干预，科斯的理论强调市场的调节，虽然二者的思路不同，但都认为应该采取措施将外部性内部化。以庇古和科斯的观点为依据，克服环境成本负外部性的方法基本可以分为市场机制和政府干预两大类。

运用政府干预解决环境污染问题的理论依据是庇古的“庇古税”。政府干预环境问题的手段包括经济手段、法律手段和行政手段。经济手段是指政府运用经济排污收费、环境税收、财政补贴等经济杠杆调整各利益相关主体的环境利益关系，达到治理环境污染的目的；法律手段是指政府通过经济立法、经济司法和经济仲裁等手段来规范经济主体的环境相关行为；行政手段是指通过国家行政机关实施的，依靠行政组织用行政命令和制度并按照行政方式来治理环境污染的方法。运用市场机制解决环境问题的理论依据是“科斯定理”。“科斯定理”的主要内容是：只要产权明确，并且交易成本为零，无论产权最初是如何界定的，都可以通过市场交易达到资源的最优配置。也就是说在产权明确、交易成本为零的前提下，通过市场交易可以解决外部性问题。然而，在现实的经济活动中，市场机制存在一系列的问题，导致其在解决环境污染问题时不能发挥全部作用。前世界银行首席经济学家斯特恩（Nicholas Herbert Stern）在《斯特恩报告：气候变化经济学》中把气候变化称为“迄今为止，我们遇到的最大的市场失灵的例子”[5]。由于市场机制不能解决所有的问题，因此，在解决环境污染问题时，也就是将外部环境成本内部化的过程中，政府干预不可避免。

1.2 供应链管理

1.2.1 供应链管理

现代管理学之父彼得·德鲁克（Peter Drucker，1909~2005）最早提出了“经济链”的概念，后来经由迈克·波特（Michael E. Poter）发展为“价值链”，最终才日渐演变为“供应链”的概念。供应链概念的产生和发展是企业经营环境和竞争关系的演变的结果。早期的观点认为供应链是企业内部的一个物流过程，它所涉及的主要问题是通过优化企业内部的业务流程，降低物流成本，提高经营效率。随着需求环境的变化，供应链的概念向下游延伸，消费者被纳入了供应链范畴，供应链由原先的物流链演化为价值增值链。随着企业间关系的网络化演进趋势，供应链的概念进一步深化，由价值增值链上升为兼顾核心企业与前向和后向组成部分网络链状关系的管理方法体系。演变至今，供应链已经发展成为由原材料供应商、制造商、销售商、消费者等一系列群体和业务活动组成的网络链状结构，物流、资金流、信息流、知识流等要素在供应链上流动。

随着经济的不断发展，企业间的竞争已逐渐演变为供应链间的竞争，供应链管理理论是对供应链管理实践的总结和升华，伴随着供应链实践的不断发展，供应链管理理论也不断延伸与丰富。供应链管理旨在通过供应链企业间的协同合作，对整个供应链系统的各项活动进行计划、协调、控制和优化，以更低的成本、更快的速度、更好的质量满足消费者需求，实现供应链整体效益的最大化。作为一种管理理念，供应链管理思想的先进之处在于始终坚持以顾客和消费者为导向，为满足顾客和消费者的需求对供应链系统进行整体优化，从系统角度出发提高供应链对顾客需求的响应速度、提高供应链系统柔性、降低供应链运行成本。供应链管理体现了集成化的思想，是一种注重通过供应链系统内部成员企业间的协同合作实现供应链系统效益最大化的先进管理方式。

1.2.2 供应链环境成本内部化

在市场竞争日趋激烈的情况下，企业间的竞争已转变为供应链间的竞争，如何构建富有竞争力的供应链并维持供应链的稳定成为影响企业竞争力的重要因素。随着环境问题日益成为人们关注的重点以及供应链管理的不断兴起，供应链环境成本内部化（Supply chain environmental cost internalization）逐渐成为学术界和实务界关注的重点领域。供应链范围内为改善环境所做的努力均可视为供应链环境成本内部化的措施，绿色供应链、可持续供应链、供应链环保投资、逆向供应链、闭环供应链和生态供应链等概念均是与其相关的概念，其强调的是供应链成员企业为协同维持和修复环境所共同做出的努力。大量研究都显示，通过供应链系统内部成员企业间的协同能提高供应链的环境绩效，因此，将环境成本内部化问题放到供应链的范畴内进行研究也变得更具有理论和现实意义。在供应链环境成本内部化的过程中，涉及一般供应链管理中的问题，如库存问题、定价问题等等，而本书研究的内容之一是供应链实施环境成本内部化后上述决策会发生什么变化，以及供应链成员企业如何分配协同收益，对这些问题的探析均需运用到供应链管理的思想，供应链管理理论是本书的基础理论工具。

在供应链管理日益兴起的现实背景下，单一企业的环境成本内部化行为会受到其所在供应链的影响，且企业的环境成本内部化行为会引致供应链价值传导关系的变化。同时，在大多数供应链中，供应链中拥有绝对话语权的核心企业会主导并影响其他供应链成员企业的行为。因此，从供应链的视角对环境成本内部化进行研究更有意义。供应链环境成本内部化是指，在集成供应链中，在核心企业的主导下，将单个企业的环境成本内部化行为延伸到供应链视角寻求上下游企业的合作以改善整条供应链的环境绩效。

供应链环境成本内部化的实施需要供应链企业协同进行环保投资，但是在市场经济条件下，作为“理性人”的企业追求经济效益最大化。环保投资往往带来运营成本的增加并引致产品价格的上升，在环保投资与企业财务绩效间关系尚不确定的情况下，企业缺乏进行环保投资的动力。这时作为自然环境监管者的政府需对企业进行监督，采取措施引导和驱使企业进行环保投资，但是考虑到政府监管政策所起作用，监管是否越严格越好呢？另一方面，消费者、社会公众、环保团体、大众媒体、供应链成员企业等其他利益相关者也会对企业施加压力，促使企业承担外部环境成本。供应链进行环保投资后，也会对上述利益相关者产生影响。在集成供应链实施环境成本内部化的前提下，成员企业间的协同关系会影响内部化的效果。在这一牵涉到多个利益相关者的环境成本内部化过程中，如何协调他们之间的利益冲突是一项复杂的活动，这也是供应链环境成本内部化过程中要解决的关键问题。

基于上述对供应链环境成本内部化过程中关键问题的分析，本文对供应链环境成本内部化机制进行研究。“机制”一般表示机器的构造和工作原理，本书引申为要素间的相互关系和作用机理。通过上述对供应链环保投资、政府规制—激励政策、消费者购买行为和供应链成员企业协同间关系的分析可知，针对供应链环境成本内部化的目标，各利益相关者之间会进行博弈，集成供应链在进行环保投资决策时会受到政府环境政策和消费者购买行为等的影响，供应链成员企业间需建立适宜的合作机制。由此引出本书要研究的关键问题。

（1）博弈问题：如何使环境利益相关者愿意将环境成本内部化，其中的影响因素是什么？各利益相关者如何进行行为策略选择以达到将环境成本内部化的博弈均衡状态？

（2）决策问题：面对来自内外部的各种约束条件，集成供应链系统应如何进行环保投资决策？影响决策的因素有哪些？如何正确处理供应链系统收益最大化与政府规制—激励政策和消费者购买行为间的关系？

（3）收益分配问题：在集成供应链系统收益最大化的前提下，如何在各成员企业间协调收益，各方如何找到满意的收益分配的均衡解？

（4）环境政策问题：环境规制政策是如何促使企业进行环保投资的？在区域差异条件下，供应链参与环境成本内部化的过程是怎样的，政府差异化的政策对供应链环境成本内部化有何影响？

以“可持续供应链”“绿色供应链”“供应链环境管理”等为关键词，对中外文献进行检索，发现研究主要集中于以下几个方面：供应链环境管理的驱动和限制因素[68-69]；供应商环境管理措施[70-72]；供应链实施环境管理后的绩效评价[73-76]等几个方面，所研究的问题都比较宏观，而具体到供应链企业决策的研究又多集中于供应链的库存和定价决策[89-92]。通过对国内外相关文献的回顾和梳理可知，企业将外部环境成本内部化的行为在解决环境问题中的重要性已得到理论界和实务界的广泛重视，供应链范围的环境管理研究也日益增多。然而，目前以“环境成本内部化”为主题所做的研究多集中在企业范围内，针对供应链环境管理所做的研究多集中于可持续供应链、绿色供应链、逆向供应链等具体操作层面，将研究上升到利益相关者行为协调的视角，对供应链环境成本内部化的机制所做的系统性研究较少。

本书所要解决的问题是在实现供应链环境成本内部化的过程中如何正确处理利益相关者环境价值诉求与环境成本内部化目标间的关系，集成供应链经济绩效与环境绩效间的关系，供应链环保投资行为与政府环境政策和消费者购买行为间的关系，供应链系统收益与成员企业个体收益间的关系以及环境规制政策与企业行为间的关系。本书以国家自然科学基金面上项目为依托，将宏观视角的环境问题与微观视角的利益相关群体综合作用下的供应链环境成本内部化机制问题相结合，具有重要的理论意义和现实意义。

1.3 环境规制

1.3.1 环境规制的合理解释❶

规制是指政府根据一定的法规对市场活动所做的限制或者制约，当经济运行中出现“市场失灵”时，政府有必要对私人经济活动进行限制或者制约，这就产生了政府规制。环境规制又称为“环境管制”，它所涉及的基本问题是政府努力引导污染者采取社会期望的行动。环境规制是一种经济管制的特殊例子，因此，将环境规制放到经济管制的视角下进行探讨。经济管制涉及政府采取各种手段和方式对企业和个人的行为进行干预。

在早期，公共利益理论和规制俘获理论是经济管制的理论基础。从公共利益理论的角度来看，提高公共利益是政府进行各类管制的目标。而不完全竞争、不完全信息和外部性则是从公共利益理论角度理解经济管制的三个重要原因。在不完全竞争的市场条件下，当某个行业只有处于不完全竞争状态才能够实现经济效率时，政府的作用是要通过限制其他企业进入该行业，从而确保一家或几家企业处于垄断或者寡头垄断地位。同时，政府还需要对价格进行管制，以保护消费者的利益。从公共利益理论的角度来看，对政府管制的第二个合理的解释是不完全信息的情况。由于获取全部的信息是有成本的，当消费者要参与一个交易的时候，他们可能并不总是拥有诸如产品质量等完全信息，在这种情况下，为了保护消费者权益，政府管制可以引导企业

---

❶ 本部分参考了查尔斯·D. 科尔斯塔德著，彭超、王秀芳翻译的“环境经济学”（中国人民大学出版社，2019 年版）的部分内容.

在有效水平上提供充分的信息。比如政府对食品安全质量的严格监督就是不完全信息条件下政府进行管制的典型例子。对政府管理的第三个合理的解释是外部性。在存在外部性的条件下，市场的资源配置作用是失效的，这时候需要政府介入。环境污染作为一种公共厌恶物品，具有典型的外部性的特征，对政府来说，通常的做法是定义一套制度和规则来规定这些公共厌恶物品的提供，比如，政府建立一套管制规则来限制污染的生产。从规制俘获理论的视角来看，政府管制的目标是提高社会上特殊群体的狭隘利益。在该理论依据下，寻租是管制的主要合理解释。寻租的主体可以是个人个体也可以是企业，他们利用政府规定的对经济活动的限制来确保他们的额外利润（租金）。比如，美国政府要求在清洁汽油中添加一部分来自可再生资源的添加剂，这一要求在很大程度上与空气质量无关，而被认为本质上是对美国中西部的乙醇生产商的补贴。这些乙醇生产商游说政府增加管制，他们为政府提供租金，而这些租金在竞争性的市场上是不存在的。

1971 年，美国著名经济学家、经济史学家、芝加哥大学教授，芝加哥学派的领袖人物乔治·斯蒂格勒（George Joseph Stigler，1911-1991）在其论文 The Theory of Economic Regulation《经济规制理论》[6] 中，利用经济学的分析方法对规制的产生进行分析，第一次将标准经济学的基本逻辑和分析方法引入规制理论，他认为规制的存在取决于社会对规制的需求和供给，而最优规制政策是以立法或者规制机构为中介，消费者和厂商利益协调的结果。此后，博弈理论也被引入政府规制的分析中。在规制博弈论的认知范围内，规制是多方多赢博弈的结果。在规制的过程中，消费者因为价格降低而获得了好处，垄断厂商避免了残酷的竞争，政府能利用特殊的法律权利和税收手段，以最小的成本监督交易的进行与合约的履行。

1.3.2 基本的环境规制工具

1. 命令控制型规制

命令控制型规制又称规定性规制，是当今世界环境规制的主要形式。具体来说，命令控制型环境规制是指环境管理机构制定具体的行动要求，单个企业或污染设备必须按照这些行动要求进行污染控制或者环境保护，企业在如何满足管制需求上可能会有有限的灵活性。命令控制型规制有两种最基本的形式：技术标准和绩效标准。技术标准规定必须使用的设备类型，而绩效标准则规定每单位经济活动可以允许的最大排放量。很多情况下，技术标准和绩效标准又被统称为环境标准，是在综合考虑本国自然环境特征、社会经济条件和科学技术水平的基础上，规定环境中污染物的允许含量和污染源排放污染物的数量、浓度、时间和速度、监测方法，以及其他有关技术规范。

命令控制型规制在世界范围内得到广泛应用，主要是由于其具有两个显著的特点：一是适用性强，二是监督方便。命令控制型规制尤其适用于复杂环境，比如，在一个有多家工厂的地区，每家工厂对区域造成的污染难以准确衡量，因此，很难形成一套排污税或者其他激励措施来确保某种水平的污染水平。但是应用命令控制型环境规制措施却能够将每个工厂的污染水平控制在一定的程度。监督方便主要体现在命令控制型规制确定了监督的标准，实际操作中，只需要将企业实际执行情况与标准相对照即可确定企业是否符合要求，简化了监督程序。然而对于命令控制型管制来说，最大的缺点是难以确保产生同样污染的不同污染者之间污染控制的边际成本相等。如果污染的边际成本是不相等的，那么污染控制的成本就会不必要的提高。同时，在命令控制型环境规制下，污染者只对污染控制费用负责，而不为污染造成的残留损害付费。虽然规制已将企业对环境的污染限定在特定范围内，但是这种污染即便在得到适当控制后依旧在排放。所排放污染的负外部性依据存在，社会整体环境成本依旧大于企业所付出的环境成本。

2. 经济激励型规制

20 世纪 70 年代末、80 年代初，伴随着信息经济学和博弈论的发展，西方规制理论的研究主题从“为什么要规制”和“规制代表谁的利益”向“如何有效规制”转变。而需要解决的核心问题就是如何设计出一套合理的规制合同，既能充分激励被规制企业，又能有效约束其利用信息优势进行财务机会主义行为，促使其做出有利于提高社会福利的行为。命令控制型环境规制将重点放在对违规行为的付款和惩罚，而经济激励则与之相反，它主要是对污染者看起来符合公共利益的作为进行经济奖励。基本的激励手段有两类：排污收费和排污许可证交易。排污收费是指对每单位污染物排放所收取的费用，当污染者必须为每单位污染排放支付费用的时候，减排就是污染者的利益所在。排污许可证交易也称“排污权交易”，是指政府向企业发放排污许可证，企业可根据排污许可证的规定向特定地点排放特定数量的污染物。超出企业所需排污数量的排污许可证规定的排污数量可以买卖，企业可以根据需要，在市场上买进或卖出排污权，卖出的指标和企业实际排放的指标的和必须不能超过政府下发的排污许可证规定的排污数量。

经济激励型环境规制的最大优点在于等边际原则将自动生效，从而节约管制成本。在排污收费制度下，所有企业都将各自企业的污染控制的边际成本设定在排污收费水平下，等边际原则很容易得到满足。在排污许可证交易制度下，当企业之间交易排污权许可证时，就形成了交易市场，市场具有自发调节作用，等边际原则自动得到满足。但是经济激励型环境规制政策也有很大的缺点。其中最重要的一点是涉及政府对企业的大量转移支付，可能会增加政府的财政负担。

3. 鼓励劝说型规制

鼓励劝说型环境规制是政府通过鼓励、劝说等方式唤醒企业进行环境保护的自觉性和主动性，与命令控制型和经济激励型环境规制不同，鼓励劝说型环境规制是从非正式的角度制定的环境管理制度，它不具有强制性，主要从转变意识和道德规劝的角度进行环境管制，是对命令控制型环境规制和经济激励型环境规制的有效补充。在鼓励劝说型环境规制模式下，政府与企业间所形成的是一种合作关系，企业是制订和实施环境保护计划的主体，而政府在其中所起的作用主要是辅助性的。比如，美国环境保护署（U.S. Environmental Protection Agency，USEPA）于1995年开始施行的“优秀环境管理”计划（Project for Excellence in Leadership，Project XL）就是典型的鼓励劝说型的环境规制手段。为了解决美国“命令—控制”型环境规制模式在某些环境问题上存在的缺陷，Project XL应运而生。与“命令—控制”型环境规制政策不同，Project XL不是由政府规制企业去如何减少污染，而是政府鼓励企业主动提出如何在企业范围内更有效率的达到控制污染目标的具体措施。具体来说，企业以建议书的形式向美国环境保护署提出符合企业自身实际的环保设想，然后美国环境保护署根据事先设定的八个标准对企业提交的建议书进行审核。这八个标准[7]为：

(1) 实现比接受现在和合理未来的管制更好的环境行为;

(2) 实现了成本的缩减或者产生了经济上的机会或者有利于文书工作的减少;

(3) 受到了社区成员、地方政府、当地企业、环保组织等环境风险承担者的支持;

(4) 尝试用创新性的策略达到更好的环境效果;

(5) 能够适用于其他类似的企业和行业部门;

(6) 在技术和管理上具有可行性;

(7) 具有易于度量的明确的目标和要求;

(8) 不将对环境造成的不利影响和风险转移到贫困或者少数民族地区。一旦企业提交的建议书被审核通过,代表政府的环境保护署就会和企业协商签署一个环境合同,该环境合同生效后将取代任何与真相冲突的环境标准,称为约束企业的具体要求。

鼓励劝说型环境规制政策的最大优点在于充分激发企业进行环境保护的主动性和积极性,鼓励企业主动提出符合自身实际的环境治理计划,如果企业提出的措施能够达到政府预先设定的标准,则给予企业充分的自主权,使企业能够按照各自的计划进行环境管理。然而,由于缺乏强制性,鼓励劝说型环境规制政策的实施效果受企业意愿等相关因素影响较大,推行起来具有一定的难度。

1.3.3 我国环境规制政策

由于环境变化对农耕活动影响较大,我国古代对环境保护非常重视。《史记·五帝本纪第一》中记载,黄帝"时搏百谷草木,淳化鸟兽虫蛾,旁罗日月星辰水波土石金玉,劳勤心力耳目,节用水火材物",这是我国关于保护环境的最早文字记载[8]。说明环境保护的思想在我国自古有之。谈到环境规制,许多朝代都制定了专门的法规来保护环境。公元前1150年周文王颁布的《伐崇令》规定:"毋坏屋,毋填井,毋伐树木,毋动六畜。有不如令者,死无赦"。该法令是世界上最早的环境保护法,说明我国古代政权已经具有了环境治理意识并且已经开始通过环境规制约束公众的环境行为。西夏时期颁布的《天盛令律》中要求人们在黄土高原种植树木和保护树木来防治黄土高原的水土流失。在唐代，还出现了类似现在的自然保护区的禁伐区和禁猎区。我国古代的一系列环境实践说明了环境保护自古以来都是被重视的，它与国家的发展息息相关。

新中国成立以来，我国环境规制政策体系建设从无到有、从小到大，不断探索并取得了重大进展。张小筠和刘戒骄（2019）将我国环境规制政策体系的演变划分为起步构建（1949~1977 年）、正式确立（1978~1991 年）、完善加强（1992~2001 年）、战略转型（2002~2011 年）和全面提升（2012 年至今）五个阶段[9]。

1. 起步构建阶段（1949~1977 年）：工业污染防治的初步探索

这一阶段国家先后颁布了《工业企业设计暂行卫生标准》（1956 年）、《中华人民共和国水土保持暂行纲要》（1957 年）、《中共中央关于确定林权、保护山林和发展林业的若干政策规定（试行草案）》（1961 年）、《森林保护条例》（1963 年）、《矿产资源保护试行条例》（1965）等一系列文件，并在全国上下开展了工业资源综合利用、消除和改造“三废”的群众运动，在保护生态环境、防治工业污染方面展开了有益的尝试。然而，受发展阶段和认识局限的影响，环境政策的制定还停留在讲究环境卫生、节约资源、治理工业“三废”等层面，制定的环境法规也比较零散，没有形成完整的环境法律制度体系。

2. 正式确立阶段（1978~1991 年）：预防为主、防治结合

这一时期国家加紧出台了一系列环境保护法律法规。1978 年，第五届全国人民代表大会第一次会议审议通过的《中华人民共和国宪法》首次将环境保护写入宪法。1979 年，第五届全国人大常委会第十一次会议通过了《环境保护法（试行）》，到 1989 年第七届全国人大常委会第十一次会议正式颁布了《环境保护法》，标志着我国环境规制立法体系的初步形成。1983 年召开的第二次全国环境保护会议上，正式确立了环境保护的基本国策和“预防为主、防治结合”“谁污染谁负责”“强化环境管理”的三大环境政策。这一时期我国环境保护工作逐步走向正轨，环境规制手段开始步入法制化阶段。

3. 完善加强阶段（1992~2001 年）：污染防治和生态保护并重

这一阶段我国加快了环境保护的立法和修订，诸如《大气污染防治法》

《固体废物污染环境防治法》《水污染防治法》《环境噪声污染防治法》《能源节约法》等多项环保法规均是在这一时期通过的。同时，多项环保相关的行政法规和部门规章陆续出台，比如《水污染防治法实施细则》《建设项目环境保护管理条例》《全国生态环境保护纲要》等。这一阶段，环保机构改革也同期推进，基本形成了由人大立法监督、政府负责实施、环境行政部门统一监督的环境规制体系。

4. 战略转型阶段（2002~2011 年）：在发展中保护、保护中发展

这一阶段，随着环境污染问题日益严重，我国环境规制事业迎来了重要的战略转型期。党的十六大以来，中央先后提出了“科学发展观”“促进人与自然和谐发展”“实现经济发展和人口、资源、环境相协调发展”等重要论断。党的十七大报告进一步提出“建设生态文明，基本形成能源资源和保护生态环境的产业结构、增长方式、消费模式”。同时，这一时期我国进一步完善了环境法律法规建设，《清洁生产促进法》《环境影响评价法》《固体废物污染环境防治法》《可再生能源法》《排污费征收使用管理条例》《节能减排综合性工作方案》等法律法规均在这一时期颁布或修订。这一时期我国环境规制政策体系实现了重大战略转型，政策手段由以过去行政手段为主，向行政、经济、法律和技术手段相结合，环境整治能力得到实质性提升。

5. 全面提升阶段（2012 年至今）：坚持生态优先

2014 年，第十二届全国人大常委会第八次会议审议修订通过了新的《环境保护法》，新修订的《环境保护法》进一步强化了政府和企业的环境治理责任。2015 年，《国务院关于加快推进生态文明建设的意见》和《生态文明体制改革总体方案》作为我国生态文明制度体系的顶层设计正式发布，明确了我国生态文明制度体系建设的战略目标和实施步骤。2016 年，《环境保护税法》审议通过并于 2018 年 1 月 1 日起正式实行，2017 年该法的配套文件《环境保护税法实施条例》由国务院正式颁布，意味着在我国实施了 40 年的排污收费制度被环保税取代，环保“费改税”正式完成。北京、天津、上海、重庆、湖北、广东及深圳等省市陆续开展了碳排放交易试点。我国环境规制体系不断完善。

2 相关理论及文献综述

世界古代史上最伟大的哲学家之一亚里士多德（Aristotle，公元前384-公元前322）曾说过“那由最大人数所共享的事物，却只得到最少的照顾”。在当今社会，这句话形象地阐释了环境问题的由来。自然环境为人类的生存和发展提供了必需的资源和条件，在一定程度上，自然环境由全人类所共享。然而，长期以来，我们在享受自然环境带来的资源和便利的同时，忽视了对它的照顾。时至今日，地球环境已经遍体鳞伤，转变发展思路，探寻人与自然和谐相处的模式已经变得迫在眉睫。值得庆幸的是，长久以来，人类从未停止探寻人与自然和谐发展的脚步。从古至今，有关环境的研究和议题不胜枚举，其中与供应链环境成本内部化相关的理论主要包括外部性与内部化理论、利益相关者理论、博弈理论、供应链管理理论等。本章将对上述理论进行简要阐述，为探明供应链环境成本内部化的机理奠定理论基础。同时，“他山之石，可以攻玉”，通过对国内外相关研究的梳理和归纳，进一步凝练和充实了本书的研究思路和研究内容。

2.1 相关基础理论

2.1.1 外部性与内部化理论

马歇尔把企业内分工而带来的效率提高称作是内部经济，把企业间分工而导致的效率提高称作是外部经济。他虽然没有明确提出内部不经济性和外部不经济性的概念和含义，但从逻辑上可以推理出来。庇古在马歇尔提出的“外部经济”概念基础上扩充了“外部不经济”的概念和内容，认为生产厂商的边际私人净产值和边际社会净产值的不一致现象，就是生产的外部性，如果边际私人净产值大于边际社会净产值，则出现边际社会成本，称之为“外部不经济”；否则称之为“外部经济”。

在外部性的概念被广泛接受之后，如何解决外部性造成的市场失灵成为学术界关注的重点。外部性理论的观点认为，解决外部性问题要将外部效应内部化，即将企业生产中对外部社会所产生的效应纳入生产者的经济行为中。但是究竟该如何促使企业将外部性内部化呢？在这一问题上庇古和科斯的观点截然不同。庇古认为对造成负的环境外部影响的行为征税并对引起正的环境外部性的行为进行补贴，就能解决由于市场失灵而导致的环境问题；而科斯[10]则试图通过市场方式解决外部性问题，认为解决外部性问题应该从社会总产出最大化或损害最小化的角度考虑，而不能局限于私人成本和社会成本的比较。庇古的理论强调政府的干预，科斯的理论强调市场的调节，虽然二者的思路不同，但都认为应该采取措施将外部性内部化。

从马歇尔的“外部经济”理论，到庇古的“庇古税”理论，再到科斯的“科斯定理”，是外部性理论发展的三块里程碑[11]。随着环境问题的影响日益扩大，人们开始用外部性与内部化的理论分析环境问题，认为私人承担的环境成本小于社会承担的环境成本，也就是存在外部环境成本而导致的外部不经济性，是导致环境问题日益严重的经济学原因，因此，要解决环境问题就必须采取措施将外部环境成本内部化。在促使企业将外部环境成本内部化的过程中，可借鉴庇古和科斯的思路。

2.1.2 利益相关者理论

利益相关者这一学术名词，在 20 世纪 60 年代被首次提出。1963 年，斯坦福研究院（Standford Research Institute）的一些学者利用与股东（shareholder）相对应的词“利益相关者”（stakeholder）来表示与企业有密切关系的所有人。自从美国弗吉尼亚大学教授爱德华·弗里曼（R. Edward Freeman）发表了其里程碑式的著作《Strategic Management：A Stakeholder Approach》之后，利益相关者的观点逐渐被学术界和业界所关注。弗里曼对利益相关者的定义是“任何能够影响企业目标实现或者被企业目标实现所影响的群体或者个体”[12]。从这一角度来讲，企业利益相关者包括资本市场利益相关者（股东和债权人）、产品市场利益相关者（消费者、供应商、社区和工会组织）、企业内部利益相关者（管理者、投资者和员工）甚至自然环境。而且需要注意的是，利益相关者与企业间的关系不是单一的输入—输出关系，而是双向的互相影响关系（Donaldson et al.，1995）[13]，如图 2-1 所示。

利益相关者理论对企业经营管理提出了新的要求，认为企业在追求经济

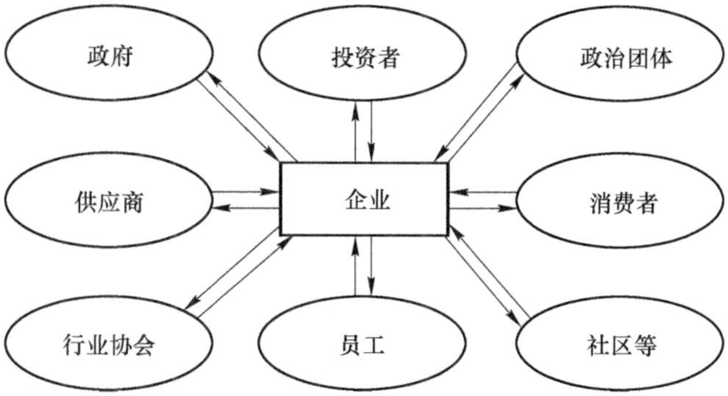

图 2-1 企业与利益相关者作用示意图

（本图摘选自 Donaldson T& Preston L E. The Stakeholder Theory of the Corporation：Concepts, Evidence, and Implications. The Academy of Management Review, 1995, 20（1）：65-91.[13]）

效益最大化的过程中还需要兼顾利益相关者的利益要求。这实际上在企业追求经济效益最大化的过程中形成了制约条件，企业再也不能无限制地将经济目标作为单一的经营目标，企业对经济效益最大化的追求转变为了追求约束条件下的经济效益最大化。

目前，随着环境问题的日益凸显，政府、消费者、社会公众、社区居民、环保团体等都对环境提出了更高的要求，希望企业能积极承担改善环境的社会责任，而企业采取措施改善环境的过程又会对利益相关者产生影响，企业环境成本内部化的过程中始终涉及利益相关者的利益均衡问题，因此，在本书中，利益相关者理论贯穿本书的整个分析过程。

2.1.3 博弈理论❶

博弈理论（Game theory）源于 1944 年美籍匈牙利数学家、计算机科学家、物理学家冯·诺依曼（Von Neumann，1903～1957）和美籍奥地利经济学家奥斯卡·摩根斯坦恩（Oskar Morgenstern，1902～1977）撰写的《博弈论和经济行为》（The Theory of Games and Economic Behavior）。博弈论研究的是决策主体的行为发生直接相互作用时候的决策以及这种决策的均衡问题，因此，

❶ 本部分参考了张维迎著《博弈论与信息经济学》（格致出版社、上海三联出版社、上海人民出版社，2004 年版）的内容．

又被称为“对策论”。[14] 作为一种研究方法，博弈论被广泛运用于政治、经济、外交、军事、国家关系、犯罪学等领域。

按照博弈参与方的行为发生相互作用时参与方能否达成一个有约束的协议（binding agreement），可将博弈分为合作博弈（cooperative game）和非合作博弈（non-coopearive game）。合作博弈关注的重点在于如何分享合作带来的收益，20 世纪 50 年代是合作博弈发展的鼎盛时期，1994 年诺贝尔经济学奖获得者约翰·纳什（John Forbes Nash，1928~2015）和 2012 年诺贝尔经济学奖获得者罗伊德·夏普利（Lloyd Shapley）分别于 1950 年和 1953 年提出了“讨价还价”模型，其中夏普利提出的夏普利值法（Shapley value method）被广泛应用于联盟合作收益分配；而非合作博弈关注的重点在于强调博弈参与方如何通过博弈实现个体利益最大化，纳什于 1950 年发表了关于非合作博弈的文章《N 人对策的平衡点》（Equilibrium Points in n-Person Games），美国普林斯顿大学数学家阿尔伯特·塔克（Albert Tucker，1905-1995）于 1950 年定义了“囚徒困境”（Prisoner’s dilemma），他们的著作基本上奠定了现代非合作博弈论的基石[14]。

博弈论强调个人在给定约束条件下追求效用最大化，即个人理论，这使其被广泛应用于经济学的分析中。本书所研究供应链环境成本内部化机制问题涉及众多的利益相关者且利益相关者间相互作用、相互影响，研究的是各利益相关者如何在约束条件下实现自身利益最大化的问题，因此将博弈论作为基础的分析工具。就利益相关者行为抉择博弈机制分析主要运用到了非合作博弈理论，而在成员企业协同及收益分配部分主要运用到了合作博弈理论。

2.1.4　供应链管理理论

供应链是由原材料供应商、制造商、销售商、消费者等一系列群体组成的网络链状结构，物流、资金流、信息流、知识流等要素在供应链上流动，其产生和发展与企业经营环境和竞争关系的改变有很大关系。随着经济的不断发展，企业间的竞争已逐渐演变为供应链间的竞争。供应链管理旨在通过供应链企业间的协同合作，对整个供应链系统的各项活动进行计划、协调、控制和优化，以更低的成本、更快的速度、更好的质量满足消费者需求，实现供应链整体效益的最大化。

作为一种管理理念，供应链管理思想的先进之处在于始终坚持以顾客和消费者为导向，为满足顾客和消费者的需求对供应链系统进行整体优化，从系统角度出发提高供应链对顾客需求的响应速度、提高供应链系统柔性、降低供应链运行成本。供应链管理体现了集成化的思想，是一种注重通过供应链系统内部成员企业间的协同合作实现供应链系统效益最大化的先进管理方式。

随着供应链管理思想的不断发展，加之环境问题日益严重，供应链范畴内的环境管理逐渐成为理论界和实务界关注的焦点，随之兴起了大量与此相关的研究，如可持续供应链、绿色供应链、闭环供应链、逆向物流、生态供应链等。大量研究都显示，通过供应链系统内部成员企业间的协同能提高供应链的环境绩效，因此，将环境成本内部化问题放到供应链的范畴内进行研究也变得更具有理论和现实意义。在供应链环境成本内部化的过程中，涉及一般供应链管理中的问题，如库存问题、定价问题等，而本书研究的内容之一是供应链实施环境成本内部化后上述决策会发生什么变化，以及供应链成员企业如何分配协同收益，对这些问题的探析均需运用到供应链管理的思想，供应链管理理论是本书的基础理论工具。

2.2 环境成本内部化研究进展

2.2.1 环境成本内部化的概念

1. 环境成本的概念

随着环境问题的日益凸显，从 20 世纪 90 年代起，环境会计研究逐渐成为西方学术界的热点话题（葛家澍和李若山，1992）[15]，我国环境会计的研究也伴随着葛家澍（1992）的《九十年代西方会计理论的一个新思潮—绿色会计理论》一文揭开了序幕（肖莹等，2009）[16]。从国内外关于环境成本的文献来看，尚未在环境成本的界定和构成上形成一致的认识[17]。比如：Senthil et al.（2003）[18]将环境成本定义为产品生命周期内为与环境损害相抗争所发生的成本。这一定义与我国学者张梅和上官阿欣（2012）[19]、迟诚（2010）[20]等对环境成本的定义相似，认为环境成本是为了保护环境、防范生态破坏，在商品生产过程中，从资源开采、生产、运输、使用、回收到废弃物处理所需的全部费用。上述环境成本定义的共同点是都未包含产品生命周期内所消耗的自然资源的成本。是否将环境资源价值计入环境成本是环境成本概念的分歧之一。

尽管上述学者给出的定义中均未涉及环境资源价值，但是还有一部分学者认为应该将环境资源价值计入环境成本。如早在 1995 年，厉以宁[21]就提出环境保护成本的概念，认为环境保护成本是下列六项的总和：

（1）环境治理费用。

（2）为预防环境破坏而投入的费用。

（3）给受害者的补偿费用。

（4）发展环境保护产业投入的费用。

（5）资源闲置的损失。

（6）按新的生产要素组合方式而可能导致的损失，而资源闲置的损失实际上是指资源的价值。

肖序（2002）[22]所提出的环境成本概念较为全面，他认为环境成本主要包括两大部分（见图 2-2），自然资源成本（指人们在社会生产过程和资源再生过程中，耗用自然资源、造成自然资源降级和对自然资源进行重造、恢复、维护等的经济活动中所支付的各种耗费）和环境污染成本（指为了将人们在生产、消费过程中产生的大量废弃物向环境排放控制在环境容量范围内而发生的成本）。马自俊（2012）[23]也认为，企业为了预防、补偿和恢复企业行为对环境的影响而采取措施的成本，以及耗费自然资源或生态资源所发生的实际成本即环境成本。对于环境资源究竟是否该计入环境成本的争议实际上是对于环境资源是否有价值的争议。

在环境资源价值是否该计入环境成本尚存在争议的前提下，大部分学者和机构都已经认识到企业承担的环境成本仅是一部分，还有相当大一部分环境成本由企业以外的主体承担，即外部环境成本。De Beer（2006）[24]将环境成本区分为与企业财务直接相关的内部环境成本（internal costs）以及与个体、社会相关的，企业不直接计量的外部环境成本（external costs）。国部克彦（1998）[4]按照承担主体的不同，将企业承担的环境成本称为内部环境成本，企业未承担而由社会公众承担的部分称为外部环境成本。内外部环境成本划分的主要依据是承担主体的不同。在具体的会计核算中，国际上所普遍认可的环境成本定义来自“联合国国际会计和报告标准政府专家组会议”在

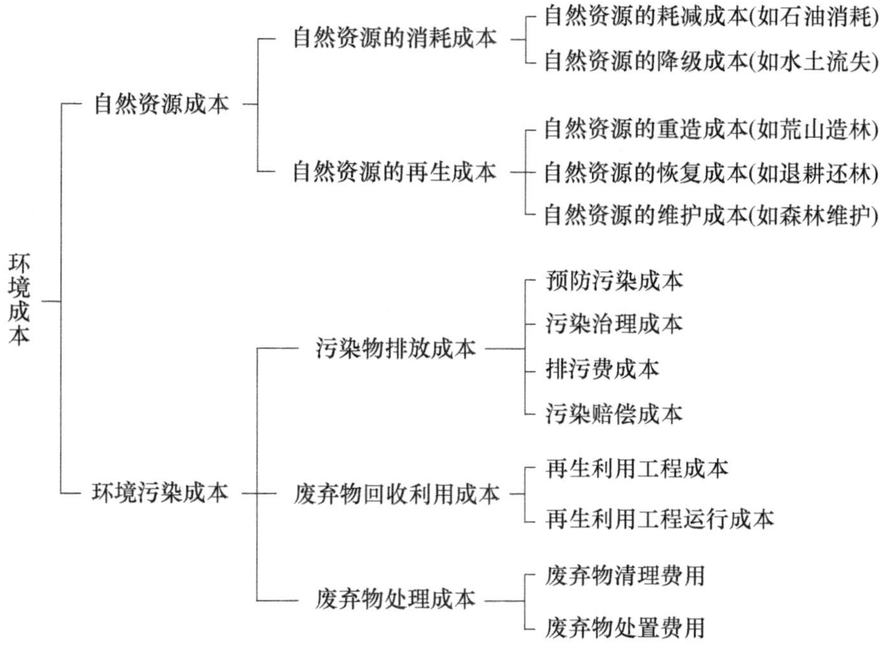

图 2-2 环境成本分类示意图

（本图摘选自肖序．环境成本论．北京：中国财政经济出版社．2002：78-80[22]）

1998 年通过的《环境会计和报告的立场公告》中对环境成本的定义——“本着对环境负责的原则，为管理企业活动对环境造成的影响而采取和被要求采取措施的成本以及因企业执行环境目标和要求所付出的其他成本”（陈毓圭，1998）[25]。从上述表述可以看出，在该定义中，环境成本特指内部环境成本，大量的外部环境成本并没有被涉及。依照此规则的基本精神，企业只核算内部环境成本，大量的外部环境成本没有在产品成本信息中得以体现，由此导致市场失灵。我国会计准则中尚无环境成本的专门准则，但是相关会计准则中的部分规定可视为环境会计的一部分，这也说明我国环境成本核算体系尚不健全。

通过对已有环境成本定义的回顾可以看出，大部分学者都承认外部环境成本也是环境成本的一部分，应进行确定、计量，但是由于环境成本定义及构成尚存在分歧，并且环境会计核算体系尚不健全，导致实务操作较为困难，使产品价格不能完全反映产品消耗的资源及对消除其对环境造成影响所花费成本的信息，财务报表中也不能完全披露企业的环境成本信息。

2. 环境成本内部化

马歇尔于1890年提出的“外部经济”概念是外部性理论的起源，1920年庇古在其《福利经济学》一书中阐述的外部性理论扩展了马歇尔的“外部经济”概念并对环境问题的经济根源做出了合理解释，为环境问题的合理解决提供了明确的经济学思路。他认为，外部性是经济活动中的私人成本与社会成本（或私人受益与社会收益）不一致的现象，有正外部性与负外部性之分。依据古典经济学对正外部性和负外部性的解释，可将环境成本的正外部性定义为私人环境成本大于社会环境成本，即个人承担的环境成本大于其对环境造成的负面影响，承担了一部分他人该负担的环境成本；而负外部性可定义为私人环境成本小于社会环境成本，即个人承担的环境成本小于其对环境造成的负面影响，有一部分其未承担的环境成本由社会承担。我国学者姜迎道和席立德（1999）[26]将环境外部不经济性定义为“生产者和消费者抛弃到环境资源（水、空气和土壤等）中超过环境容量的废弃物对环境资源造成危害并通过受到污染的环境资源对其他生产者和消费者的福利所产生的危害，但这种危害并没有从货币或市场交易中反映出来”。环境成本的正外部性和负外部性的问题可通过简单的例子进行说明，比如区域内一家企业向大气中排放污染气体，导致大气污染，企业仅支付治理费用的一部分，而大量的治理费用却最终由政府承担，企业的私人环境成本加上政府环境成本的总和是全部的社会环境成本，在这里私人环境成本小于社会环境成本，环境成本具有负外部性。

本书所讲到的环境成本的内部化实际上是指外部环境成本的内部化，经济学的观点认为解决市场失灵所产生的外部性的根本途径是内部化。国家层面上，实现内部化的方式主要有以下三种：庇古税、产权途径、国家直接干预。庇古（1920）提出对造成负的环境外部影响的行为征税并对引起正的环境外部性的行为进行补贴，就能纠正由于市场失灵而导致的环境问题的观点，为解决环境问题提供了基本思路[27]。与之不同，科斯则从产权角度提出了解决外部性问题的思路（Coase，1960）[10]。以庇古和科斯对该问题的分析为基础，逐渐形成了解决环境问题的两种基本思路，即排污税与排污权交易。排污税法强调政府的直接干预，而排污权交易法则建立在市场基础之上。尽管两种方法所建立的基础不同，但都强调环境问题可通过将负外部性内部化的方法得以解决，环境成本内部化是解决环境问题，实现可持续发展的必要途径。三种途径的共同点在于，通过征税、罚款或者市场交易等方式让企业为环境成本外部化行为付出成本。

2016 年 12 月 25 日，全国人大常委会审议通过了《环境保护税法》，这是我国第一部推进生态文明建设的单行税法。在《环境保护税法》出台之前，我国环境管制主要施行的是国家直接干预和排污收费制度。2018 年 1 月 1 日，《环境保护税法》正式施行，标志着我国排污收费制度向环保征税制度的正式转变。2011 年国家发展改革委在北京、天津、上海、重庆、湖北、广东和深圳启动碳排放交易试点工作[28]，标志着基于科斯产权途径的碳排放交易制度也正在我国进行试点和探索。而当上述内部化的外部途径作用到企业上时，企业采取措施减少乃至降低污染的行为都可以称为内部化行为。环境成本内部化是实现可持续发展的必要途径（Bithas，2011）[29]。环境成本内部化的本质是通过企业有限的环保投资进行生产经营环节的全过程环境监控，将对环境的损害降低到最低程度，以降低乃至消除政府为消除企业生产经营活动对环境造成的负面影响而支付的巨额环境治理、修复支出，从经济学的角度来讲，企业将环境成本内部化更符合社会福利最大化的观点。

从已有文献看，业界和理论界对于环境成本内部化研究的侧重点各有不同，主要可分为三类：

一是从会计核算的角度，强调完善会计核算体系；

二是从企业运营的角度，认为企业应采取措施承担外部环境成本，促进从源头上解决环境问题；

三是从国家政策的角度，对政府监管方式进行讨论。从本质上来讲，三种研究视角都是为了促使企业承担环境责任，实现环境成本内部化，是顺利实施环境成本内部化的重要组成部分。会计核算体系和政府监管政策的完善是推动企业在运营中主动实施环境成本内部化的重要助推力，而运营中的环境成本内部化措施则能推动政府监管政策和会计核算体系的不断改进。

2.2.2 环境成本内部化的相关研究热点

以“环境成本内部化（内在化）”为关键词对国内外相关文献进行检索，发现相关的研究热点主要集中于环境成本内部化与企业竞争力[30-31]、国际贸易[32-39]、企业财务绩效[40-43]的关系等问题及环境成本内部化对项目投资评价的影响[44-48]等几个方面。

1. 环境成本内部化与企业竞争力

一般而言，企业环境成本内部化的过程中成本会上升（主要是治污设备的安装和运行成本以及排污费），但对企业竞争力的影响是多重和不确定的，这与环境标准、企业的贸易依存度、企业产品的品质、企业的规模和生产水平、企业的组织结构、企业所处的社会背景等多种因素有关（宋小芬和阮和兴，2004）[35]。管理学家迈克·波特指出，企业竞争策略主要有差异化、低成本和集中化三种，企业采取严格的环境管理措施将环境成本内部化是符合差异化竞争策略的措施。尽管，从短期来看，环境成本内部化因为增加了企业成本倾向于削弱企业竞争力；但从长期来看，环境成本内部化与企业维持和提升自身生产力和竞争力的目标是相一致的。

2. 环境成本内部化与国际贸易

随着环境问题上升为世界性难题，有一种观点认为国际贸易自由化加剧了环境污染，而经济学的分析显示，环境问题的根源并不是国际贸易，而是环境成本的外部性造成的市场失灵（曲如晓，2006）[38]。鉴于此，有学者对环境成本内部化与国际贸易间的关系进行了研究，尤其是我国加入 WTO 后，这一研究主题的文章发表较多，如谷祖莎（2003）[36]、傅京燕（2004）[37]等都从不同角度对环境成本内部化与国际贸易的关系展开了研究。学者们普遍认为，环境成本内部化是协调贸易与环境的最佳途径。但是环境成本内部化对不同行业的出口竞争力影响却不尽相同，研究结果显示（胡国珠等，2010）[32]，电气机械制造业等行业环境成本内部化有利于出口竞争力的提高，而纺织品及有关产品制造业等行业环境成本内部化则不利于该行业出口的增加。同时，环境成本内部化对不同国家造成的影响也不尽相同，一些国家特别是发展中国家会在环境成本内部化的过程中面临比较利益的损失，但环境成本内部化是出口型企业规避绿色壁垒的有效手段（黄晓梅，2010）[39]。

3. 环境成本内部化与企业财务绩效

环境成本内部化到底会对企业财务绩效产生何种影响？对这一问题的回

答尚存在争议。Porter (1995)[40]等学者认为企业的环境管理措施能够增强企业竞争力从而改善企业的财务绩效；Henri & Journeault (2008)[41]认为企业环境管理能力的增强能够改善企业的战略管理能力从而提升企业财务绩效。然而，还有相当大一部分学者对此则持怀疑态度，认为环境成本内部化会使企业成本显著增加，而带来的经济效益却难以衡量（Walley & Whitehead, 1994)[42]。此外，还有一部分学者认为环境成本内部化对企业财务绩效的影响不是简单的非负即正的关系[43]。企业环境成本内部化对于企业社会形象的改善等方面具有积极地正面影响，从长期来看，这些方面的影响有可能会影响到企业的财务绩效。

4. 环境成本内部化与项目投资评价

随着内部化研究热潮的兴起，有学者建议在进行项目投资评价时将环境成本因素考量在内。王幼莉 (2006)[44]在分析环境成本对项目可持续发展评价作用的基础上对环境成本内部化的计量方法进行了阐述，指出可以借鉴环境经济学对环境成本计量的方法对外部环境成本进行计量。我国学者丁慧平从1999年开始就对交通车环境成本内部化的问题进行了研究，主要研究企业项目投资决策与政府补贴间的关系，认为在企业环境成本内部化的初期，政府有必要提供一定的补贴[45-48]。

除上述几个热点话题外，还有文献对环境成本内部化过程中的利益相关者博弈（安志蓉等，2013[49]；刘倩等，2014[50]）等问题进行了研究。从上述研究热点可以看出，环境成本内部化对企业财务绩效和竞争力的影响比较复杂，学术界尚未形成统一的认识，因此也影响了实务界企业采取措施将外部环境成本内部化的积极性；尽管多数学者认为环境成本内部化是协调环境与贸易的最佳途径，但是环境成本内部化对不同行业和不同国家的影响也不尽相同，因此，影响了环境规制政策的制定和执行。

2.2.3 环境成本内部化利益相关者博弈

1. 利益相关者范围界定

具体到企业的某一项具体决策，利益相关者的范围会有所不同。以环境成本内部化决策而言，政府、消费者、社区公众、环保团体、环保人士、媒体等影响企业环境成本内部化决策和受企业环境成本内部化决策影响的组织和个体均可视为环境成本内部化利益相关者。而且，随着经济社会的发展以及政府管理机构的变化，利益相关者的范畴也在不断变化。以中国为例，分税制改革前，中央政府和地方政府是一个统一的利益组织，而 1994 年的分税制改革，标志着地方政府作为一个相对独立的利益组织而存在。中央政府出台的环境治理政策，在实际执行中并未取得其应有的效果，很大程度上是由于中央政府与地方政府间的委托—代理关系而导致的环境政策执行不到位[51]。

多个利益相关者共同作用会使企业面临改善环境绩效的多重压力。利益相关者范围以及参与程度的不同往往与企业环境策略以及环境绩效间存在很大的关系。Buysse（2003）[52]对比利时 197 家企业环境策略与利益相关者参与程度间的关系进行了实证研究，研究结果显示，对企业来说，积极的环境策略往往与范围更广的利益相关者相联系。然而，对企业来说，过多的利益相关者参与往往不能起到很好的效果，如何将利益相关者参与维持在一个合理的水平，同时将利益相关者价值结合到企业长远的价值创造活动中是一个值得审慎思考的问题。

一方面利益相关者的范围因具体事项而变化，另一方面利益相关者的范围随企业内外部环境的演变而不断变化。在 Freeman 的利益相关者定义中，将利益相关者的研究范畴限定在企业，而本书要研究的是供应链视角下的环境成本内部化问题。在企业视角下，主要的利益相关者包括股东、员工、政府、消费者、环保团体、大众传媒等；而在供应链视角下，问题更为复杂，就供应链系统外部而言，主要的利益相关者包括政府、消费者、环保团体、大众传媒等；而在供应链内部还包含有一系列存在环境价值诉求差异的企业；在企业内部则存在员工、股东、投资者、管理者等利益相关者。利益相关者是一个包含多层次、多主体的利益主体。对于工业污染防治问题，可以达成共识的利益相关者有三类：环境产权所有者（实际中由各级政府代理行使所有权）、作为污染制造者的企业和作为受害者及消费者的一般公众（Chen et a1，2004）[53]。

综上所述，利益相关者是一个不断发展的概念，其范畴在不断发展和扩大。而大量研究显示，政府、企业和消费者三位一体的环境保护模式是最为成功且可持续的。因此，本书将选取政府（包含中央政府和地方政府）、消费者和集成供应链作为主要利益相关者，对其环境价值诉求进行分析。

2. 环境成本内部化利益相关者博弈

产生环境污染问题的最主要的原因是企业自身利益最大化与社会整体利益之间的冲突，而博弈论为解决环境污染问题提供了一种解决冲突的理论方法。19 世纪 80 年代，Haidin 利用非合作博弈论解释了环境问题，认为环境的不断恶化是一种“公地悲剧”，从此，博弈论逐渐被广泛地应用于解决环境问题中各种冲突关系。20 世纪 80 年代后期，利益相关者理论得到巨大发展，开始有学者对利益相关者的博弈进行研究。对于环境问题来说，不同的利益相关者所持的利益要求不同，对于改善环境绩效所持的态度就不同，由此导致了利益相关者之间的博弈，企业最终所采取的环境措施是各利益相关者博弈的结果。对环境成本内部化过程中利益相关主体的博弈，存在大量的文献研究[54-66]。

在市场经济条件下，企业作为一个独立自主进行生产经营且具有完全理性的主体，会在现有条件下做出对自己最有利的决策，其追求的是利润最大化；而政府作为社会公共利益的监管机构，所追求的是社会福利的最大化。由于所追求利益目标的不同，在面对环境问题时，企业和政府的立场不同，而政府又有权利对企业进行监督和惩罚，这样就出现了政府和企业间的博弈。黄鑫等（2008）[54]、吴荻和武友春（2006）[55]、刘凌波（2007）[56]等分别从不同的角度、采用不同的研究方法对政府与企业间的博弈进行了研究。研究认为为了促使企业积极承担环境成本，政府必须承担监管责任，通过严厉的监管来提高企业污染治理概率。其中，黄鑫等（2008）[54]对监管者和企业的最优策略和纳什均衡解进行了分析，在研究中运用了 Stackelberg 博弈模型，并在模型中考虑了财政补贴、税收、罚金等参数对企业支付函数的影响，提出了促进企业积极参与节能减排的经济激励管制政策建议。柏娟萍（2012）[57]建立了低碳发展模式下，政府与企业的两方三阶段博弈模型，认为实施低碳生产的必要条件包含以下几点：政府采取有效的激励措施，帮助企业发展低碳经济；注重利用相关法律法规，保证低碳经济的发展；引入市场机制和竞争机制，实现政府管理手段的创新；提高政府监管效率，完善政府监管机制。

政府与企业间的博弈研究表明，政府对企业监管能够有效促进企业承担环境责任。但是，针对环境问题，不同层级、不同区域的政府间也会产生博弈，政府间的博弈可分为中央政府与地方政府间的博弈以及地方政府间的博弈两种。当中央政府和地方政府目标不一致时，地方政府会利用其与中央政府的信息不对称，“虚假执行”中央政府所设立的目标，此时，两者间的博弈就产生了[51]。宋晨（2009）[51]认为要遏制环境政策执行当中出现的“异化”现象，需完善中央政府的监督及信息反馈机制，并改进地方政府的绩效考核机制。崔亚飞和刘小川（2009）[58]认为地方政府的社会福利价值观制约着其环境污染治理策略，在由两个地方政府参与的博弈中，博弈均衡策略为（不治理污染、不治理污染），而只有在中央政府干预下才有可能实现帕累托改进。

由于在经济和有限资源上存在竞争关系（Hammond et al.，2007）[59]，同一地区的企业间也存在博弈关系。国内对于企业间博弈的分析大多是选取某一特定的行业或某一具体的问题。诸如，朱海龙和陈克猛（2010）[60]对企业合作进行污水处理的博弈问题进行了研究，黄琼（2009）[61]就环境保护中大企业与小企业间的博弈进行了分析，研究结果显示，在无政府监管的情况下，企业不会主动承担环境成本。

通过前述对利益相关者博弈的相关文献综述可知，面对来自可持续发展、企业经济效益、环境恶化等方面有可能相互冲突的压力，并不是所有的企业都能够做出令人满意的决策（Matos，2007）[62]，但是来自政府、消费者等利益相关者的压力可能会促使企业做出环境成本内部化的决策。就供应链环境成本内部化问题，供应链企业间也会产生博弈。Hall（2000）[63]认为，来自供应链系统的压力能使企业环境成本内部化行为更为稳定和持续。与上述几个方面的博弈研究多从非合作博弈的视角展开不同，关于供应链系统中主导企业与其他企业间博弈的问题大多从合作博弈的视角展开[64-66]。Vachon et al.（2008）[64]通过对北美制造业的调查，研究了供应链环境协同活动对制造商业绩的影响。文章将环境协同定义为供应链成员间在关于诸如联合制定环境目标，分享环境计划，合作减少环境污染及其他环境的一系列活动的合作。同时，研究结果显示，制造商与供应链协同采取绿色措施能够显著改善环境绩效，而与消费者的协同措施结果比较复杂。

通过上述文献回顾可知，要促使企业进行环境成本内部化，政府必须进行监管，而要使企业环境成本内部化延伸到供应链上并顺利实施，供应链成员企业间必须协同合作。

2.3 供应链环境成本内部化研究进展

2.3.1 供应链环境管理

在市场竞争日趋激烈的情况下，企业间的竞争已转变为供应链间的竞争，如何构建富有竞争力的供应链并维持供应链的稳定成为影响企业竞争力的重要因素。随着环境问题日益成为人们关注的重点以及供应链管理的不断兴起，供应链环境管理（Supply chain environmental management）逐渐成为学术界和实务界关注的重点领域[67]。供应链范围内为改善环境所做的努力均可视为供应链环境管理的措施，绿色供应链、可持续供应链、供应链环保投资、逆向供应链等概念均是与其相关的概念，其强调的是供应链成员企业为协同维持和修复环境所共同做出的努力。

以“可持续供应链”“绿色供应链”“供应链环境管理”等为关键词，对中外文献进行检索，发现研究主要集中于以下几个方面：供应链环境管理的驱动和限制因素[68-69]；供应商环境管理措施[70-72]；供应链实施环境管理后的绩效评价[73-76]等几个方面，所研究的问题都比较宏观，而具体到供应链企业决策的研究又多集中于供应链的库存和定价决策[89-92]。

在研究企业定价决策时，博弈论作为主要的工具被使用较为广泛，如焦旭萍等（2006）[77]针对绿色产品与普通产品共存又相互替代且消费者对两种产品有不同偏好的市场条件下，如何运用 Rubinstein 讨价还价模型确定企业最优定价策略进行了研究。张涛等（2007）[78]利用博弈论分析了由单一供应商和单一制造商组成的绿色供应链减量化生产的效率问题，得到供应商和制造商各自减量化生产决策的必要条件；何开伦（2010）[79]在完全信息的假设前提下，以利润最大化为目标建立了绿色生鲜猪肉定价分析模型，并分别讨论了集中定价、非合作博弈定价和合作博弈定价等方式下生鲜猪肉的定价策略。

供应链环境成本内部化是通过企业增加环保投资来实现的，因此，有必要对企业环保投资的相关文献进行梳理。根据唐国平和李龙会（2013）[80]的研究显示，我国绝大多数企业的环保投资规模处于较低水平，环保投资总额占企业投资总额、营业收入、总资产的比重均偏低。企业环保投资不足的现状加剧了我国的环境污染。当前对企业环保投资的研究多集中于环保投资决策评价体系[81-82]、环保投资的影响因素[83-86]、环保投资的绩效评价[87-88]等方面。环保投资决策的研究多集中于政府层面、管理层面，企业层面的环保投资研究尚不完善[80]。从利益相关者博弈的视角构建企业环保投资决策的约束条件进行展开的研究也比较少。在现有研究中，将环境约束考量在内对供应链产销量、定价决策进行的研究较多（如：Letmathe & Balakrishnan，2005[89]；Garg et al. 2015[90]；Rădulescu et al. 2009[91]；Baud-Lavigne et al.，2014[92]等）。

以集成供应链为主体对环境成本内部化进行研究时，还会涉及成员企业间的协同问题。供应链协同（Supply chain collaboration）是指产品或服务从原材料的供应开始，在向最终需求客户移动的全过程中，通过供应链中各个环节的共同努力，创造出大于各环节价值总和的供应链整体价值，从而提高整个供应链的竞争力（毕新华等，2008）[93]。供应链协同问题是近年来供应链研究的重点，许多国内外学者都进行了研究[94-101]。供应链范围内的环境协同（Supply chain environmental collaboration）活动包括绿色产品设计和流程修正环节的知识共享和物流环节的废弃物减少计划（Bowen et al.，2001）[102]等活动。Vachon & Klassen（2008）[64]将协同绿色供应链管理定义为供应链成员企业间联合设定环境目标、分享环境计划、协同减少环境污染以及对环境的其他影响等的一系列活动，这些活动可以从某一企业向其上游企业传导也可以向其下游企业直至供应链传导。供应链环境协同的过程中涉及技术和信息的交换，要求供应链成员企业具有学习其他企业操作流程以改善环境的意愿（Canning et al.，2001[70]；Geffen et al.，2000[71]）供应链环境协同还需要供应链企业合作减少供应链对环境的影响以及供应链系统的物质流入（Carter et al.，1998. 2011）[103-105]。研究显示，供应链环境协同所带来的竞争优势主要体现在两个方面，一方面，基于企业竞争优势的资源基础观点，供应链成员间包含信息交换在内的协同或者合作可以被视为产生竞争优势的资源；另一方面，供应链环境协同可以增强供应链系统及成员企业的环境绩效，使其对新的环境挑战和规制快速反应（Klassen et al.，1999）[76]。

2.3.2 供应链环境成本内部化中的消费者和政府行为

1. 消费者

针对消费者对环保品质的敏感度如何影响企业的生产决策及环境行为，

有大量学者进行了研究[106-110]。戴桂林等（2006）[108]认为随着消费者对良好环境偏好的日益增强，厂商行为也将相应改变，在此基础上利用改进的消费者效用函数和博弈论的方法，分析了消费者偏好的改变对厂商行为的影响，研究将消费者市场分为三种类型。

第一类是环境敏感度很低或者不具有环境敏感性的市场。

第二类是环境敏感度很高的市场。

第三类是对价格极为敏感的市场。

这一划分与实际市场情况较为相似，依据这一分类标准，不同市场类型其消费者购买行为存在很大的差异，导致厂商必须按照市场类型差异调整生产政策。熊中楷和梁晓萍（2014）[109]就消费者的环保意识对闭环供应链制造商的最优回收模式的影响进行了研究，研究发现，当消费者环保意识增强时，会提高企业的环保努力水平。熊中楷等（2014）[110]还就消费者环保意识对制造商单位碳排放的影响进行了研究，研究发现，消费者环保意识的增加会使清洁型制造商减少单位碳排放。

上述研究表明，消费者环保意识的增强会对企业的决策产生影响，当所有消费者都选择消费清洁环保的产品时，企业为了满足消费者需求必然也会进行清洁环保的生产或者生产环保产品。

2. 政府

在促使环境成本内部化的过程中，政府究竟应该发挥怎样的作用，承担多大的责任？这一问题亟待探究。早在1990年，厉以宁就对我国环境污染治理费用的分摊问题进行了研究，指出承担环境治理费用的是企业、居民户和政府（中央政府和地方政府），但政府应当承担的部分仅是追加的环境治理费用，主要的或者基本的部分还是应该由污染的主体来承担[21]。

一般而言，在环境管理方面，政府承担的主要是政治、行政、法律、道德和生态等责任。政府主要通过出台并执行环境政策的方式对企业环境成本内部化行为产生影响，政府规制主要体现在对企业排污的限制以及配套处罚措施，政府激励主要体现在对企业环境成本内部化行为给予激励。政府对企业环境行为的规制—激励政策会对企业经营决策产生影响，针对该问题，有一些学者开展了有意义的研究[111-114]。Lester等人（2011）[111]认为，政府环境管制对企业投资决策的影响可以通过污染天堂假说、要素禀赋假说和波特假说来进行解释，污染天堂假说的观点是由于严格的环境管制会增加企业的生产成本，企业倾向于选择环境遵守成本低的国家或地区开展生产经营活动；要素禀赋假说的观点认为当企业遵守环境管制的成本小于资源禀赋优势带来的收益时，企业就有投资的积极性；而波特则认为政府管制促进企业进行技术创新从而提高企业竞争力。

上述观点表明，针对政府环境监管会对企业投资决策产生何种具体影响尚存在争议，但是政府环境监管确实会影响到企业决策。那么政府管制究竟是如何影响企业决策的呢？针对该问题，相关的研究也比较多，如：朱庆华等（2011）[112]建立了绿色供应链管理中考虑产品绿色度和政府补贴分析的三阶段博弈模型，通过数值仿真讨论了政府补贴变化对最终产品生产商决策的影响；Cole 等人（2005）[113]运用英国制造环节的数据对行业活动、环境规制以及大气污染间的关系进行了研究，研究结果显示，政府规制能够有效地降低环境污染密度。唐国平等（2013）[114]通过对中国 A 股上市公司数据的实证研究发现，环保投资是企业在政府环境规制下的一种被动行为，企业环保投资规模与政府环境管制强度间存在“U”形关系。

通过上述分析可知，政府政策和消费者购买行为会影响供应链的环境决策，而供应链采取的环境措施也会对消费者的购买行为产生影响，因此，供应链在进行环境成本内部化决策时，必须正确处理与环境规制政策以及消费者购买行为间的关系。

2.3.3　供应链环境成本内部化协同收益分配

供应链上的企业在协同中的利益既有统一的一面，也有相互排斥的一面。如何协调他们的利益，使个体利益在整体利益增长的同时也得以提高，是供应链合作的根本问题。供应链协同收益分配是指供应链系统内成员企业将一定时期内共同创造和实现的收益按照一定的原则进行分配的过程。收益分配同时包含成本分摊的意思，成本可视为负的收益。为保障供应链合作关系的稳定性，需设计合理的收益分配机制，在该机制中，最关键的问题是如何分配待分配收益。集成供应链收益分配有三个关键步骤，首先是确定待分配收益，其次是确定收益分配的原则和标准，最后是将待分配收益在供应链企业间分配。业界和学术界对于待分配收益的确定问题基本不存在分歧，待分配收益即集成供应链系统的协同增量收益。预期的协同收益体现在增加销售、改善预测、降低成本等。现阶段对供应链企业间收益分配问题的研究，大多是从产品的转移定价研究演变过来的（马士华和桂华明，2009）[115]。因而，研究的热点主要集中于收益分配标准的确定。在该问题上，研究的视角不同，观点和方法也不尽相同。

胥洪娥（2005）[116]认为整个供应链的利润分配依靠其各成员之间的转让价格和供应链的动态调整而不断改进，她以制造业为核心的供应链为例构建了集成供应链成本优化模型，并运用作业成本分析法对供应链成本优化进行了分析。黄敏镁（2010）[117]针对由制造商与供应商构成的两层供应链系统，基于演化博弈理论和方法，研究在长期的协同产品开发过程中，有限理性的制造商和供应商之间的合作机制。邹琳（2010）[118]对基于纳什谈判的供应链环境成本分摊问题进行了研究，认为供应链系统中企业合作的前提条件是：对供应链来说，整体环境成本小于其每个成员单独行动时的环境成本之和，对于供应链的企业内部而言，每个成员都能支出比不加入协同时要少一些的环境成本。

Cachon（2003）[94]从个体收益与整体收益协同的角度对确定合作伙伴间转移支付的不同协定进行了研究。还有其他学者从不同角度对该问题进行了分析[119-120]。魏修建（2005）[121]提出，建立一种有效地分配机制，不仅有利于实现供应链整个资源的有效配置，提高供应链的效率，而且也有利于保证供应链的稳定性，在其所做的研究中，基于资源与贡献率的基本思路，提出了供应链的利益分配框架。叶怀珍和胡异杰（2004）[122]从供应链合作伙伴收益原则的角度入手，设计了能综合体现多劳多得、风险补偿、效用最大化和综合优化原则的群体重心模型。Ding 等人（2011）[123] 运用 τ 值法对由于供应链信息共享合作收益的分配进行了研究。

作为研究的热点领域，供应链收益分配可供利用的模型很多，主要有纳什博弈法（姚树俊，2013）[124]，加权群体重心模型（叶怀珍和胡异杰，2004）[122]和 Shapley 值法（Friedman，1999[125]；Rosenthal，2008[126]；戴建华等，2004[127]；邓建高等，2009[128]）等。就目前已有国内外研究来看，应用产品定价法、斯坦伯格博弈分析法和 Shapley 值法进行的研究较多，其中应用 Shapley 值法或者改进的 Shapley 值法对供应链的合作收益分配较为普遍。

2.3.4 供应链环境成本内部化的区域差异

在涉及环境保护的区域差异方面所进行的研究多集中在“生态补偿”这

一问题上[129-134]。丁四保和王晓云（2008）[129]认为区域一般都会倾向于发展而忽略保护，而忽略保护的一个原因是区域对生态环境造成的损害具有外部性，即作用于其他区域。由此可以看出，由行政区划或者其他原因形成的“区域”本身即是形成环境成本的外部性原因之一，即某一区域对环境造成的损害可能会对其他区域产生损害，而某一区域投资治理环境可能使得相邻其他区域受益。

“区域”内的生态状况、经济既有发展水平、社会文化差异、政府环境规制政策等都会对区域后续经济发展以及企业决策产生影响。韦惠兰（2008）[130]就自然保护区生态补偿问题进行研究时指出，生态补偿的原因之一就是我国自然保护区分布比较分散，而经济发展不平衡又导致了自然保护区发展的不平衡。具体来说，东部较发达地区有更多的资金投入保护区，所以东部地区保护区发展较西部良好。上述区域差异导致了生态脆弱区现有发展程度不同进而又会对其后续保护和发展产生影响。曾菊新（2004）[131]就经济快速增长区域的生态规划与建设模式进行了研究，认为经济快速增长地区的可持续发展必须坚持以生态优先原则将经济、社会与环境三者协调统一起来。施先亮和乔晓慧（2007）[135]对区域生态供应链的概念进行了阐述，认为区域生态供应链是区域生态系统中的一个要素，它服从于区域生态系统的平衡机制、能量交换和信息传递的规律。这一阐述本身就表明区域生态供应链受到区域生态系统的影响和制约。

2.4 研究述评

通过对环境成本内部化问题的已有国内外相关文献进行梳理和归纳，发现学者们就环境成本内部化是解决环境问题的途径这一观点达成了共识，但是由于研究视角的不同，对于环境成本内部化的具体定义尚存在争议；虽然学者从不同角度对实现环境成本内部化的具体途径提出了建议，但环境成本内部化的实现是一项复杂的系统工程，须从会计核算制度、国家政策、企业运营等多方面加以努力；此外，环境成本内部化问题的研究热点主要集中于其与企业竞争力、国际贸易、企业财务绩效的关系等方面在研究方法上，国外主要采用实证研究，而国内多是定性分析；在研究对象上，主要是企业的环境成本内部化，将环境成本内部化研究延伸到供应链的尚比较少；在研究内容上，从经济学理论角度分析环境成本内部化的原理、实现途径、作用的文献较多，而从微观角度探讨如何具体操作的研究较少。将企业环境成本内部化延伸到供应链视角，探寻供应链上下游成员企业对企业环境成本内部化的影响，以及企业间如何协同合作以促进供应链范围内的环境成本内部化也是未来值得研究的方向之一。

利益相关者会对企业的环境绩效产生影响的观点已被学术界和实务界广泛接受，而博弈论是分析利益相关者利益协调的主要工具。目前，针对环境保护的利益相关者博弈问题，从企业角度进行的研究比较多，内外部利益相关者的划分也是多以企业为标准，较少引入到供应链的研究范畴，而对供应链协同方面的研究多是运用运筹学、控制论或人工智能等理论与方法，对供应链的产销协同、库存协同进行研究。针对供应链决策时如何正确处理与政府、消费者间的关系，现有的文献大多只将政府补贴和消费者偏好作为模型中一个参数，未对其进行详细研究。现有研究中，同时将环境容量约束、政府规制—激励政策和消费者购买行为考量在内作为决策约束条件所做的研究较少。

就目前已有研究来看，集成供应链的协同问题方面的研究已比较成熟，但是将环境要素引入供应链系统，研究环保投资所引致的供应链价值传导关系变化的研究尚比较少。在研究供应链成本及收益分摊机制时，许多研究都采用了 Shapley 值法。但 Shapley 值法在探讨供应链协同收益分配问题时，着重于关注分配的方法和分配的结果，而对于由于协同关系而引起的供应链内部价值传导关系的变化相对关注较少。区域差异对区域生态发展产生影响的理念已被广泛接受，但同时可以看出，文献中所研究的问题大多集中于宏观层面，尤其是集中于对区域生态发展的理念、生态补偿等问题的研究，将问题延伸到区域差异对供应链环境管理产生的影响方面所做的研究较少。

综上所述，供应链环境管理是目前研究的热点。但是，从已有文献研究来看，目前对供应链环境成本内部化的研究尚未深入到利益相关者利益协调及利益相关者群体决策的层面。在谈及供应链环境可持续的实现途径方面，大都从运营及具体操作层面进行思考，尚未上升到决策层面。

本书将对供应链环境绩效问题的探讨上升到企业投资决策层面和政府政策抉择层面，从更高层面的整体利益驱动、利益相关者环境价值诉求和兼顾宏观与微观的视角探索环境经济决策问题。所要探讨的是供应链环境成本内部化过程中利益相关者是如何动态博弈的；面对约束条件，集成供应链是如何决策的；在内部化的过程中价值如何在供应链上传导以及供应链系统内企业间是如何协同的。对于转变当前环境成本支付模式、实现经济发展方式转变、最终实现人与自然的和谐、可持续发展有重要意义。

3 供应链环境成本内部化：内涵、要素、机理

作为经济活动的产物，供应链最初只专注于效率的提升和价值创造的增加。然而，正如奥地利经济学家约瑟夫·熊彼特（Joseph Alois Schumpeter，1883—1950）所言“任何一个事实都绝不仅仅或纯粹是经济的，它总会包含其他方面的内容，而且这些内容往往是更为重要的”[1]。随着市场竞争环境的演变，企业间的竞争逐渐演变为供应链间的竞争，供应链也开始承担诸多经济功能以外的其他功能，比如环境管理。在政府环境规制不断加强、消费者环保意识日渐觉醒和供应链合作日益密切的宏观环境下，在供应链的范围内统筹考量成员企业的环保行为能够有效提升供应链范围内的环境治理效率和治理能力。供应链环境成本内部化旨在将企业的环保投资行为延伸到整个供应链上进行统筹考虑，探析在政府环境规制政策约束下，以及多种因素影响下，它的内涵、要素及机理。

3.1 供应链环境成本内部化的内涵

3.1.1 概念界定

在实务操作中，企业将外部环境成本内部化的方式众多，如增设污染物处理设备、改善工艺流程、改进管理、研发环保产品等（见图 3-1）。按照内部化发生作用的环节不同，可将内部化行为分为减少生产环节外部性的行为与减少消费环节外部性的行为。两种行为表现形式不同，减少生产环节外部性的行为表现为将生产活动对环境的影响纳入整体考虑，通过增设污染物处理设备、改善工艺流程、改进原材料等措施降低对环境的影响，努力实现企业与环境的和谐发展。比如中国石油天然气集团塔里木油田通过改良生态环

---

[1] 约瑟夫·熊彼特. 经济发展理论［M］. 王永胜，译. 上海：立信会计出版社，2019.

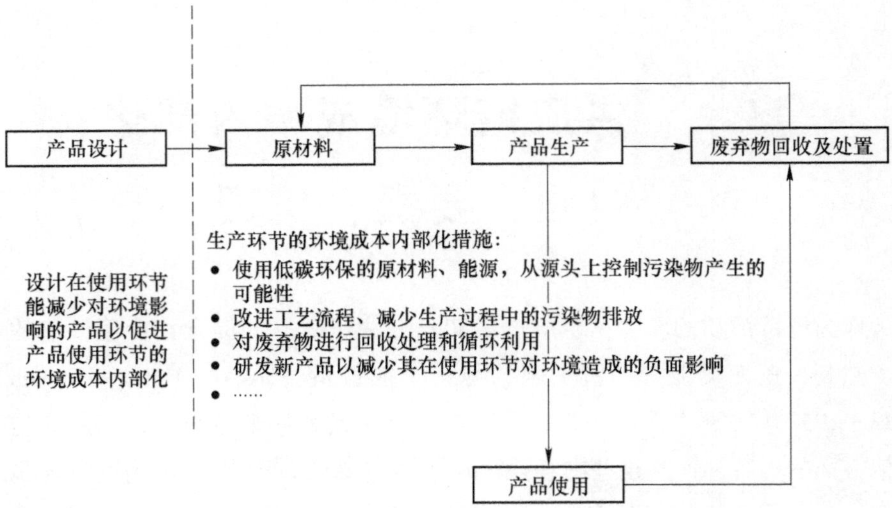

图 3-1　企业环境成本内部化示意图

境检测系统，改变了过去凭肉眼观察火焰和烟气颜色的做法，通过打造水陆统筹、天地一体、上下协同、信息共享的生态环境检测网络，实现了对油气生产联合站、处理站锅炉以及发电机组等生产场所产生的烟气、废气的全方位、无死角监控，有效降低了排放到空气中的烟气，降低了环境污染。减少消费环节外部性的行为表现为改进原有产品性能或者研发新产品以减少使用环节对环境造成的负面影响，比如由广州汽车集团乘用车有限公司研发的全新增程式电动轿车传祺 GA5 REV，采用创新的增程式电力驱动技术，每公里可减少二氧化碳排放约 150 克，真正实现了“零油耗，零排放”；而同为广州汽车集团旗下的广汽丰田则对汽油版凯美瑞进行了改进，改造后的凯美瑞搭载油电混合双擎动力，实现了百公里仅 5. 3L 油耗，节油率高达 32%[1]。新能源汽车以减少汽车行驶中对化石能源的消耗而造成的大气污染。尽管对最终消费环节产生的影响不同，上述增设污染物处理设备、改善工艺流程或者改进原材料的措施都会使企业增加一部分支出。我们将企业从产品设计环节、原材料投入环节、产品生产环节乃至废弃物回收环节的整个产品生命周期内为了减少生产环节或者消费环节对环境造成的负面影响的措施而增加的支出

[1] 案例节选自人民网新闻报道 [EB/OL]. http：//gd. people. com. cn/GB/123947/370345/index. html.

称为环保投资。企业通过增加环保投资降低环境影响的行为是其将环境成本内部化的具体表现。

企业作为环境成本内部化的主体，必然处于某一或者某几条供应链上，鉴于个体企业的经营行为是其所在供应链的一环，单纯从某一个体企业角度研究环境成本内部化问题，未将供应链上下游成员企业间的相互作用影响纳入决策范畴，不便于理顺环境成本内部化的整体实施过程。单一企业的环境成本内部化行为必然导致供应链价值传导关系的演变，因此，从外部价值链或者供应链的视角分析环境成本内部化问题是富有现实意义的，而且从现有研究文献来看，已有大量研究[136-153]尝试突破单一组织或企业，从外部价值链或供应链的视角探寻环境问题的解决途径。

在本书中，供应链环境成本内部化是指，在集成供应链中，在核心企业主导下将单个企业的环境成本内部化行为延伸到供应链视角寻求上下游企业的合作以改善整条供应链的环境绩效。运用供应链成员企业间的协同促使企业进行环境成本的内部化是一项有效措施，单个企业的环境成本内部化行为若不能在供应链上传导并得到供应链成员企业的协同将无法持续。类似于环境协同（environmental collaboration）的概念，供应链环境成本内部化过程中供应链核心企业需从决策角度思考如何与其上下游企业协同处理环境相关的事务，与传统供应链管理将更多地重点放在具体运营及操作问题不同，供应链环境成本内部化着重于从决策层面考量问题，供应链环境成本内部化的概念模型如图 3-2 所示。

供应链环境成本内部化关注的重点在于通过增加供应链企业的环保投资从而降低生产系统耗费的自然资源并减少生产系统和消费系统进入到环境系统中的废弃物。在这一过程中，政府通过环境规制等方面的约束来引导和驱使企业的环保投资行为，消费者、社会公众、环保团体等其他利益相关者对企业施加改善环境绩效的压力。与传统供应链管理不同，供应链环境成本内部化的过程除了是物流、资金流、信息流和知识流在供应链上的传导过程，同时还是成员企业环保投资效果在供应链上的传导过程，其目的是在增强供应链系统竞争力的同时维持与环境系统的良好互动。

在由环境系统——生产系统——消费系统组成的综合系统中，生产系统是将外部环境成本内部化的实施主体。更确切地说，生产系统中的企业是环境成本内部化的主体。企业通过进行环保投资来降低生产经营全过程对环境

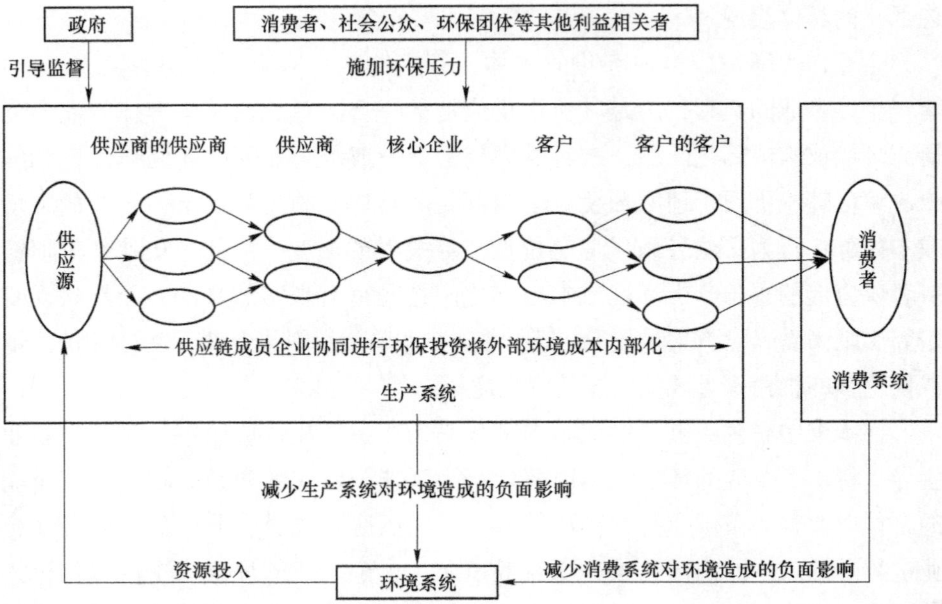

图 3-2　供应链环境成本内部化概念模型

造成的负面影响，在这一过程中，生产系统以外的环境系统、消费系统和以各级政府为代表的利益相关者规制并驱动生产系统的环保投资行为。在由上述各子系统组成的利益相关者中，各利益相关者的环境价值诉求存在差异，这就导致各利益相关者的行为抉择标准存在差异。

环境系统的最低要求是环境自我修复功能不致受损，即生产系统和消费系统排放的所有污染物不能超过环境容量的限度；消费系统主要由消费者及其消费行为构成，消费者在预算约束内决策是否消费环保产品，因此要想环保产品为消费者所接受，生产系统所提供的产品必须能在充分考虑消费者环保敏感度和预算约束的情况下满足消费者的消费需求；各级政府是环境质量的监管者，当环境出现问题时，政府易成为公众责备的对象，因此政府期望企业能够承担相应的社会环境责任，减少政府用于环境保护方面的预算支出，但当环境保护与经济发展出现矛盾时，秉承不同执政理念的政府会做出不同的抉择。生产系统内部的各组成企业以供应链的形式协同进行环保投资，在该情况下，各成员企业也有相应的价值诉求，在寻求集成供应链系统收益最大的情况下，各成员企业也要求自身收益满意。因此，在供应链环境成本内部化的过程中涉及来自环境系统、生产系统、消费系统中不同利益相关者的环境价值诉求冲突，供应链环境成本内部化的实施过程中始终伴随着利益相关者的冲突与博弈，如何正确处理上述关系是供应链环境成本内部化机制要研究的问题。

综上所述，供应链环境成本内部化的过程是企业在环境系统、消费系统和以各级政府为代表的利益相关者的综合作用下由生产系统内的企业为主体实施的，旨在改善环境绩效的一系列环保投资行为，这一过程中涉及的关键问题包括：

（1）利益相关者如何就实施供应链环境成本内部化达到博弈均衡；

（2）集成供应链如何进行环保投资决策，以实现在约束条件下供应链的系统收益最大化；

（3）在集成供应链系统收益最大化的前提下，如何将协同收益在成员企业间进行分配，以实现系统收益最大化与成员企业个体收益满意的统一；

（4）作为外部监管者，政府如何制定环境规制，并如何发挥作用。

对上述四个问题的分析构成本书的主要研究内容。

3.1.2 相关概念辨析

在由原材料供应商、制造商、分销商、零售商和消费者组成的供应链中，从原材料获得、产品制造、运输、使用和废弃的全过程中都可能会产生废弃物并对环境造成污染。随着供应链管理思想的逐渐兴起，同时伴随着环境问题日益严重的现实性问题，在供应链范畴内，环境管理研究越来越多。学术界和实务界普遍认为，企业的环境管理行为应该延伸到与其合作的供应链上下游企业。在整条供应链上对环境污染进行防范和控制是降低环境污染的必要途径。查阅文献，比较常见的概念包括可持续供应链、绿色供应链、逆向供应链、闭环供应链、生态供应链等，表3-1就比较常见的概念与供应链环境成本内部化概念间的区别与联系进行对比。

逆向供应链和闭环供应链的概念理解相对明晰，但是绿色供应链、可持续供应链的概念理解相对宽泛，需要简要说明：

表 3-1 相关概念辨析[135]

	逆向物流	闭环供应链	绿色供应链	可持续供应链
概念内涵	原材料、在制品、产成品及相关信息从消费地到起始地的流动过程	正向供应链与逆向供应链的整合，产品的闭环流动过程	考虑供应链各环节的资源与环境问题，使整个供应链的资源消耗和环境影响小	综合考虑经济、社会和环境可持续的目标，来管理供应链中的物流、信息流、资金流和企业间的合作
侧重点	强调发掘和利用废弃物的潜在价值，主要出发点是资源节约的经济效益	强调物料的双向流动和价值恢复，旨在形成“资源-生产-消费-再生资源”的闭环反馈流程	强调通过优化供应链各环节来减少或消除运作过程中的废弃物，主要出发点是消除对环境的影响	强调在实现产品价值的同时，产品的各个阶段不会带来环境和社会负担，出发点是经济、社会、环境的三赢
共同点	均将降低污染物排放、废弃物回收与循环利用等资源与环境问题纳入研究范畴，在研究目标上强调经济利益与环境影响的统一与协调			

绿色供应链的要点是在供应链运行的全生命周期内充分考虑并降低对环境的影响。王能民等（2005）[154]将绿色供应链定义为以资源最优化配置、增进福利、实现与环境相容为目标的以代际公平与代内公平为原则的从资源开发到产品的消费过程中物料获取、加工、包装、仓储、运输、使用到报废处理、回收等一系列活动的集合，是由供应商、制造商、销售商、零售商、消费者、环境、规则及文化等要素组成的系统，是物流、信息流、资金流、知识流等运动的集成。其关注的重点是从产品设计、材料选择、产品制造、产品销售以及回收的全过程中考虑环境整体效益最大化，同时提高企业的环境绩效和经济绩效，实现整条供应链的“绿色化”。

可持续供应链是近年来供应链领域的研究热点之一，是可持续理论与供应链理论相结合的产物。可持续供应链管理是指将可持续的三个维度（经济、社会、环境）同时考量在内，对供应链系统内的物流、信息流、资金流、知识流以及企业间的合作关系进行管理。与传统供应链相比，其产生原因、构成要素和管理目标均存在较大差异，见表 3-2。

表 3-2 可持续供应链与传统供应链对比

	一般供应链	可持续供应链
产生原因	不确定性、信息不对称、牛鞭效应、市场变化速度快	环境恶化、生态危机等经济、社会与环境可持续发展相矛盾
构成要素	供应商、制造商、销售商与零售商、顾客等	供应商、制造商、销售商与零售商、顾客、规制、文化、价值观、环境系统等
管理目标	降低不确定性、利润最大化	经济、社会和环境可持续发展

与传统供应链相比较，可持续供应链最主要的特点是具有经济、社会和环境可持续发展的三重目标。绿色供应链与可持续供应链均注重在供应链的整个流程中降低对环境的影响，但相较而言，可持续供应链关注的内涵更为丰富，涵盖经济、社会和环境可持续，而绿色供应链将关注的重点放在供应链全过程中降低对环境的影响。

与绿色供应链和可持续供应链的概念不同，供应链环境成本内部化侧重强调的是探索促使企业实施外部环境成本内部化过程中各利益相关主体的博弈、决策、协同等行为的过程机理，是一个动态的综合概念，重点探析的是在促使环境成本在政府和企业间合理分配的过程中，各利益相关主体的综合行为，其具体措施可能与可持续供应链、绿色供应链的措施相重合。

与供应链环境成本内部化密切相关的另外一个概念是环保投资。环保投资是指为治理污染和保护环境所进行的投资。本书研究环境成本内部化的一个重要方面是如何通过促使企业环保投资解决环境问题。在环境成本内部化过程中，环保投资的主体是指产生污染的主体，强调的是通过遵循“污染者付费原则”治理环境的理念。通常环保投资概念的投资主体可以是任何主体，正是由于我国企业中普遍存在环保投资不足的现状，政府才需要对企业的环保投资行为进行督促和监管，与之相关的影响因素及其逻辑关系和规律是本书要研究的问题。

从本质上来讲，上述关于供应链的几个概念存在重叠的联系，它们都是因环境问题而引出，并从既有联系又有区别的视角探讨解决环境问题的思路和途径。

3.1.3　案例分析❶——联想有限公司环境成本内部化实践

作为全球最大的个人电脑制造商之一，联想公司始终把绿色环保作为公司的核心价值观之一，践行可持续发展战略，支持低碳经济转型，建立起了包含供应商管理、绿色生产、绿色物流、绿色包装、绿色回收和绿色信息披露（展示）平台在内的全生命周期环境管理体系，环境管理效果卓有成效。2019 年，联想公司再次登上全球知名清洁能源排行榜 Carbon Clean 200，排名也从 2018 年的第 19 名上升到第 11 名，意味着联想是 2019 年使用低碳能源最多的 200 家全球企业之一，同时也是中国大陆使用清洁能源最多的公司。联想（北京）有限公司的绿色供应链体系更被工业和信息化部选为企业绿色供应链管理典型案例进行推介。为与本书研究主旨相切合，以工信部所提供典型案例资料为依托，我们对联想有限公司全生命周期的环境成本内部化行为进行分析和总结。联想是供应链上的核心主导企业，为了将外部环境成本内部化，它采取了诸多措施，并且将企业内部的环境管理行为延伸到了整个供应链上，具体措施包括：

（1）在供应商管理方面，将环境表现作为选取供应链的一个重要标准，重点考察供应商是否有意减少有害物质减排、是否使用再生材料、是否能够减少温室气体排放、是否能够做到避免使用冲突矿产等方面。联想于 2015 年正式实施了《供应商行为操守准则》，详细记载了对供应商的环境表现期待，并导入公司采购流程，进行供应商绿色管理、评估和监督。

（2）在生产过程中，联想公司也采取了一系列措施来降低排放，比如打造节能环保的绿色产品，从 2007 年开始，联想在生产中全面使用环保消费类再生塑胶（PCC），同时，作为行业领导者，联想推动整个行业将面板从 LCD 向 LED 切换，大大减少了重金属汞和砷的使用。推进节能环保的绿色工艺，2019 年联想日本研发团队开发出了一项突破性制造工艺，使用低温锡膏工艺使碳排放量减少 35%，采用这项工艺后，联想个人电脑制造流程每年可减少

---

❶ 案例根据中华人民共和国工业和信息化部《企业绿色供应链管理典型案例》整理得到［EB/OL］，http：//www. miit. gov. cn/n1146285/n1146352/n3054355/n3057542/n3057545/c6472072/content. html.

5956 吨二氧化碳排放量，相当于每年少消耗 670170 加仑汽油❶。

（3）在物流方面，联想也始终致力于选择更低能耗的环保型运输方式，注意减少运输设备的温室气体排放，并聘请外部监管机构落实改善措施。比如，为了减少产品在运输过程中消耗的能量和运输设备向环境排放的碳，联想将激光打印机的体积和重量都设计得更为轻巧，同时，将耗材放置在打印机内一起运输，不仅减少了包装材料的消耗，也减少了生产过程中的污染和碳排放。

（4）在包装方面，联想通过增加包装中可回收材料的种类、可回收材料的比例、减少包装尺寸、推广工业（多合一）包装和可重复使用包装等多种举措来打造绿色包装，比如联想为 ThinkVision 创造了全新的包装，针对联想新推出的大部分 QHD 显示器，顾客都可以选择使用纸浆缓冲包装材料，纸浆缓冲包装材料使用的是再生环保纸，与发泡聚苯乙烯（EPS）泡沫缓冲包装材料和珍珠棉（EPE）材料相比更易于回收利用。

（5）在产品和配件的回收方面，联想通过加大对可再利用产品、配件的回收，尽可能延长产品使用寿命，最大限度地控制产品生命周期的环境影响。数据表明，自从 2005 年起，联想共计从全球的客户手里回收了约 9 万吨废弃产品，自身运营和生产产生的废弃电子产品回收也达到了 6 万吨❷。

（6）在信息披露方面，联想建立了绿色信息披露平台，将公司的环保方针、政策、措施和成果均在平台上进行披露。

通过联想的上述环境成本内部化的具体措施，我们可以看出联想非常关注供应链的环境表现，这也说明了单个企业的环境成本内部化行为必须延伸到供应链上才能使企业和供应链环境绩效持续改善。单个企业的环境成本内部化行为受到众多利益相关群体的影响，企业必须正确处理与这些群体的关系，环境成本内部化的行为才能顺利推进。就联想公司而言，在上述诸多措施中，涉及考察供应商的环境表现、注重生产过程是否符合国家环保规定、重视向社会公众披露环境信息等，说明企业在环境成本内部化的过程中必须要正确处理与供应链其他企业、政府和社会公众的关系。

❶ 《联想：关于可持续发展，我们不是说说而已》［EB/OL］https：//www. sohu. com/a/136095766_ 351332 .

❷ 《联想再登“全球可持续发展最佳企业百强”榜，为中国企业可持续发展树标杆！》［EB/OL］https：//www. sohu. com/a/219835516_ 351332.

3.2　供应链环境成本内部化的构成要素

如前所述，供应链环境成本内部化的过程是企业在环境系统、消费系统和以各级政府为代表的利益相关者的综合作用下由生产系统内的企业为主体实施的，旨在改善环境绩效的一系列环保投资行为。对其要素的分析可从主体要素、行为要素和结果要素三个方面展开。

3.2.1　主体要素

主体要素是指供应链环境成本内部化的基本参与者，主要包含两个方面：一是作为直接实施主体的集成供应链中的企业；二是在内部化过程中影响供应链决策并受供应链环境成本内部化行为影响的相关主体，即利益相关者，主要包括中央政府、地方政府和消费者，如图 3-3 所示。

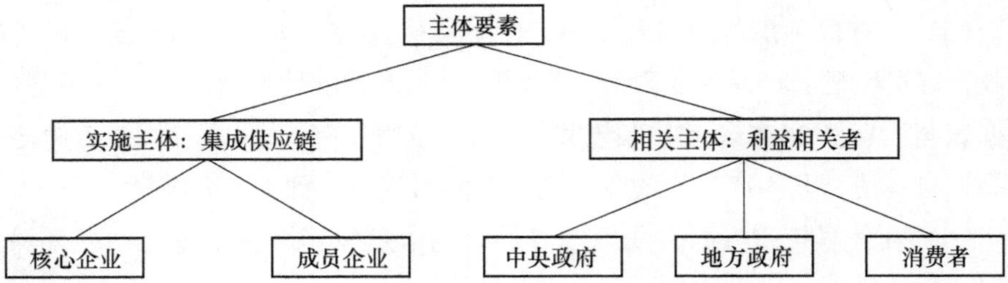

图 3-3　供应链环境成本内部化的主体要素

供应链企业是实施环境成本内部化的主体，供应链内的企业又因其在供应链中所起作用不同分为核心企业和成员企业，核心企业在供应链中起到主导作用，而成员企业则配合核心企业的行动。研究显示，来自供应链系统上下游企业的协同能有效地改善供应链的环境绩效，但是供应链改善环境绩效的驱动因素来自哪呢？利益相关者期望改善环境的价值诉求作用于企业，企业在利益相关者的作用下产生了改善环境绩效的动力和压力。

然而，在内部化的过程中，利益相关者所起作用不尽相同。各级政府是政策法规的制定者，其在促使企业承担环境成本方面起到的作用更具有强制性；消费者是广大社会公众的一部分，由于其是企业产品或服务的受众，因此其对企业所产生作用更为直接；其他利益相关者包含企业内部的员工、管理层、投资者，企业外部的公众媒介、环保团体等，他们在供应链环境成本内部化过程中所起作用不同。环保团体和公众媒介的监督无疑会推动企业承担环境成本。在供应链内部，上下游企业积极的环境管理措施能够给予企业改善环境绩效的动机。在企业内部，若管理者积极推动、企业员工积极参与、投资者积极支持，则能起到推动环境成本内部化实施的作用。但是，与上述推动因素相比，供应链环境成本内部化在实施中面临的阻碍因素往往更为直接，首先，环境绩效改善对于企业经济绩效的作用尚不明朗，在当前考核体系下，管理层将关注的重点更多放在改善企业财务绩效，当财务绩效和环境绩效存在冲突的情况下，其更倾向于放弃改善环境绩效；其次，投资者关注的是投资回报率，而环境绩效改善带来的非物质回报对投资者的吸引力相对要低。

各利益相关者最终所起作用是他们针对环境成本内部化这一目标不断博弈的结果。而博弈的均衡状态下各主体所起的作用又决定了供应链环境成本内部化的实施效率和效果。当企业缺乏改善环境的积极性时，适时的引入政府规制—激励政策是一种较为有效的方式。

综上所述，在供应链环境成本内部化的过程中，各主体要素所发挥的作用不同，供应链是直接主体，利益相关者的监督是督促企业承担外部环境成本的重要驱动因素，其中，政府规制—激励政策在驱使和引导企业进行环保投资方面的作用尤其重要。

3.2.2 行为要素

供应链环境成本内部化的主体要素是集成供应链上的企业及利益相关者，而行为要素则是上述主体要素为推动供应链环境成本内部化目标的实现而进行的一系列行为的综合。其中，最直接的表现是集成供应链的环保投资，然而，供应链环境成本内部化顺利实施的关键是满足不同层次、不同类型利益相关者的价值诉求，因此，其基本行为要素就是供应链和利益相关者为协调不同层次的利益冲突而进行的博弈。

博弈的原因是供应链环境成本内部化目标与利益相关者环境价值诉求间的差异。供应链是由企业组成的，企业追求的是经济效益最大化；政府虽然期望企业改善环境，但是不同层级的政府其环境价值诉求也存在差异；消费者虽然渴望享受清洁环保的生活环境，但是消费者的购买行为要受到其预算约束的制约；社会公众期望企业改善环境以使健康不致受损、生活环境不致受污染，但是，社会公众对企业的监督不具有强制力；企业内部，管理层关注的是能明显改善其经营业绩的财务绩效，投资者关注的是投资回报率；在供应链上，核心企业和成员企业的环境价值诉求也存在差异。上述这些环境价值诉求的差异导致利益相关者之间存在利益冲突。博弈的目标是为了协调供应链环境成本内部化目标与利益相关者环境价值诉求间的冲突。

除了上述主要利益冲突，环境成本内部化的实施过程中会产生新的冲突，要使供应链环境成本内部化顺利实施，就必须协调好上述利益冲突，而协调的途径就是利益相关者之间的不断博弈，协调的方式受博弈均衡结果的影响。因此，环境利益相关者的博弈是供应链环境成本内部化的基本行为要素。博弈的目的是为了达到所有利益相关者都不想改变当前状态的博弈均衡状态，而博弈均衡状态为供应链环境成本内部化创造了基础条件。随着供应链环境成本内部化的实施，当利益相关者对当前状态不再满意时，新的一轮博弈又会产生，新的博弈引致新的博弈均衡状态，在这一不断进行的帕累托改进过程中，供应链环境绩效和经济绩效都得到改善。

供应链环境成本内部化的过程中还会涉及利益相关者的其他行为，比如政府通过环境规制影响供应链的环保投资行为，集成供应链在环境可持续约束条件下进行环保投资决策，成员企业间就协同收益进行分配，但这些行为都是由协调利益相关者价值诉求冲突的博弈行为引致出的后续行为，是在博弈达到均衡状态的前提下，各利益相关者所采取的具体策略。

3.2.3　目标要素

供应链环境成本内部化的直接作用在于降低污染，但从长期来看，其对于提升经济发展质量、促进可持续发展也具有重要意义。在当前我国经济已由高速增长阶段转向高质量发展阶段的历史背景下，通过持续的效率改进，尤其是全要素生产率的提升，实现经济增长模式由粗放发展模式向中高端协调发展模式的转变成为当前经济发展的重要方向。而中高端协调发展的目标不只包括产业结构优化升级，还应该是兼顾自然与环境的可持续发展模式。在这种背景下，供应链要实施环境成本内部化，追求的目标也不应局限于在企业范围内降低环境成本，还应该与我国经济增长方式转变和高质量发展的任务相呼应。因此，供应链环境成本内部化的目标体系可以概括为如图 3-4 所示。

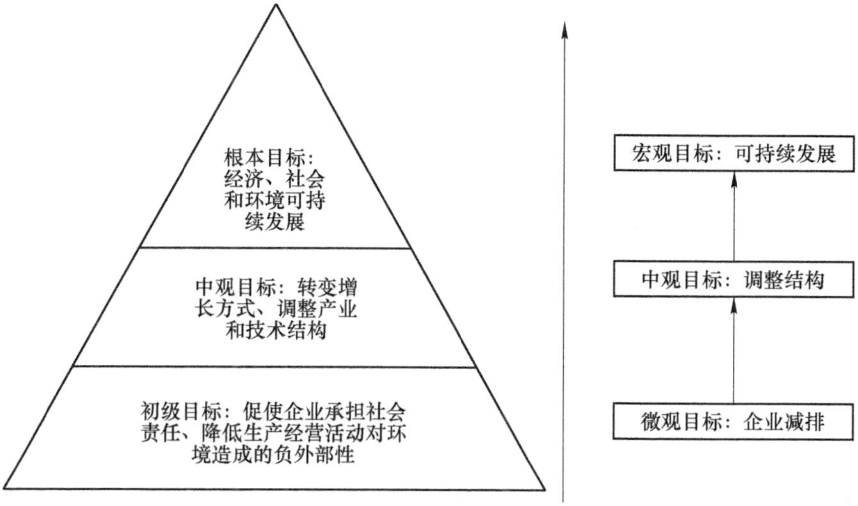

图 3-4 供应链环境成本内部化的目标体系

（1）从单个企业角度来讲，目标是通过环境规制政策的驱动和引导，促使企业承担社会责任，将环境保护纳入企业生产经营决策，在利益相关者环境价值诉求压力和供应链成员企业的协同压力下促使环境保护成为企业常态行为，通过企业环保投资，降低生产经营活动对环境造成的负面影响。

（2）从经济发展方式来讲，在促使企业消减外部环境成本的过程中，如何转变企业生产经营方式和经济增长方式是更深层次的目标。长久以来，我国高投入、高能耗、高排放、低效益的经济增长方式对环境造成了严重的损害，环境系统显然已经成为制约我国经济健康发展的瓶颈因素，在此背景之下，通过科技创新、制度创新和管理创新等举措促使我国经济向低投入、低能耗、低排放、高效益、环保的集约型增长方式转变是正确处理经济增长与自然环境关系平衡持久的有效方式，也是供应链环境成本内部化的中观目标。

（3）从发展方式角度来讲，供应链环境成本内部化的根本目标是实现经济、社会和环境的可持续发展。经济的可持续发展主要是指既注重经济增长速度又注重经济增长质量；社会的可持续发展是指企业与环境友好相处，全面改善人类环境生活质量；环境的可持续发展是指经济社会发展对自然资源的消耗不超过环境承载容量。在上述三者中，经济可持续发展是基础，环境可持续发展是条件，社会可持续发展是最终的目的。针对供应链环境成本内部化问题，促使企业承担社会责任是降低其对环境负外部性影响的重要途径，要使社会公众能享受到清洁环保的生活环境，瓶颈条件之一是企业行为对环境的影响不能超过环境承载能力。供应链环境成本内部化的内涵与可持续发展相一致，也就是说实现经济社会和环境可持续发展是供应链环境成本内部化所追求的根本目标。

从长远来看，企业主动消解其外部环境成本是贯通宏观层面经济、社会与环境协调发展，中观层面改善产业结构、调整经济增长方式，微观层面促使企业承担环境责任的重要方式和途径。

3.3 供应链环境成本内部化的过程机理

从上述对供应链环境成本内部化内涵的分析可知，供应链环境成本内部化的关键是促使污染主体（主要是企业）进行环保投资以改善、降低乃至消除其对环境造成的负面影响（主要是降低生产系统和消费系统对环境系统的废弃物、污染物输入），同时，通过技术改造、工艺流程改善、新产品研发等活动减少对自然资源的消耗或提高自然资源的利用效率，实现生产系统与环境系统间的良性互动。

在上述过程中，各利益相关者进行博弈，他们的基本环境价值诉求得到满足是博弈的均衡条件，也是供应链进行环保投资决策面临的约束条件；在内部化的具体实施过程中，在约束条件制约下，集成供应链就如何实现系统收益最大化的产销量、定价和库存决策进行优化，政府就规制—激励政策进行决策；在供应链系统收益最大化的情况下，成员企业就如何协调分配系统收益进行决策，供应链成员企业对个体收益是否满意是内部化能否在供应链上从核心企业向上下游企业延伸的保障。在这包含诸多利益相关者决策行为的过程中，实现上述利益相关者的利益满足是供应链环境成本内部化顺利实施的关键。

随着供应链环境成本内部化的实施，供应链企业所面临的约束条件会发生变化，利益重新分配引致利益相关者间的博弈继起，引致其决策行为发生变化，他们之间的博弈均衡是企业环保投资将外部环境成本内部化的驱动力，供应链环境成本内部化的过程机理如图 3-5 所示。

结合上述过程机理分析，本书认为，在供应链实施环境成本内部化的过程中，利益相关者的博弈均衡是促使供应链进行环保投资将外部环境成本内部化的基础条件，企业环保投资是具体途径，成员企业协同合作是保障，政

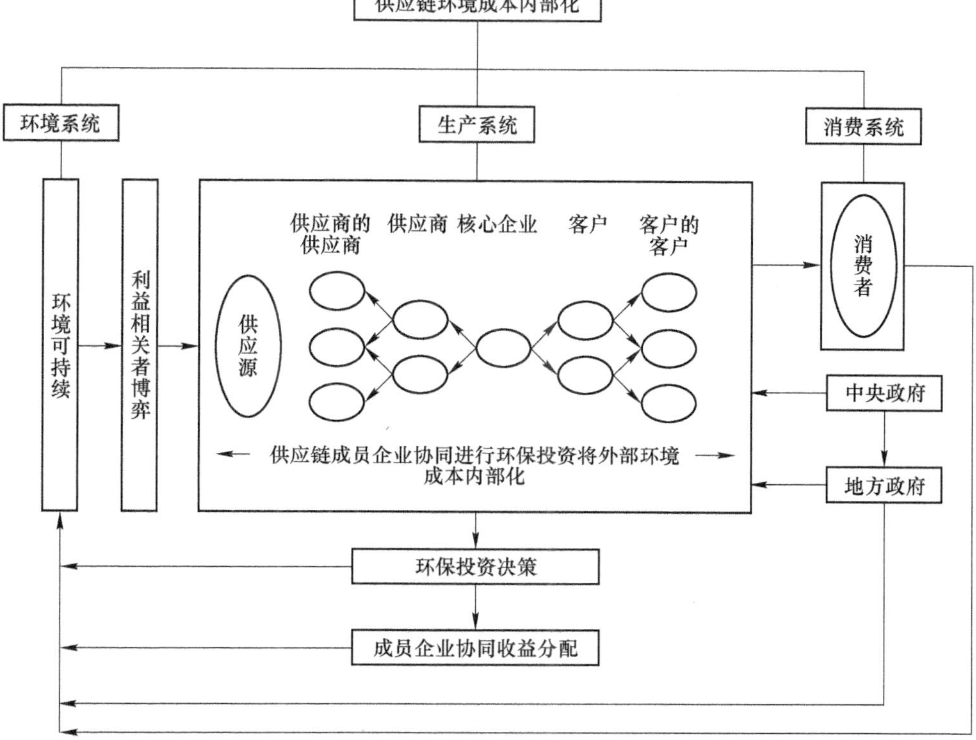

图 3-5 供应链环境成本内部化过程机理图

府通过规制—激励政策进行监督是驱使和引导因素。各利益相关者行为在内部化过程中所起作用如图 3-6 所示。

3.3.1 基础条件：利益相关者博弈均衡

由于环境系统本身的开放性以及供应链系统的复杂性，供应链环境成本内部化的实施受到内外部利益相关者相互作用的影响，影响供应链的利益相关者众多。利益相关者因其价值诉求的差异，关注的重点不同（Donaldson & Preston，1995）[13]。就供应链环境成本内部化问题而言，各利益相关者的环境价值诉求存在差异，这就导致受不同利益相关者影响的企业须在各利益相关者的价值诉求间进行取舍。若取舍不当，将导致环境问题。夏光（2002）[155]指出，现阶段中国环境问题的实质是“一个利益调节失衡的问题”，是不同层

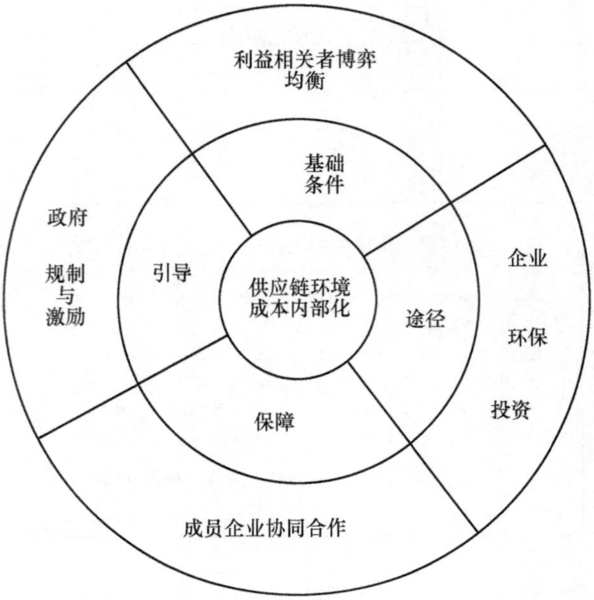

图 3-6　供应链环境成本内部化利益相关者行为策略作用示意图

次的，当前与远期的、整体与局部的利益冲突的反映。因此，要寻求解决我国环境问题的途径就必须首先明晰各利益相关主体的环境价值诉求，并探寻调节不同层次、不同时期、整体和局部利益的方法和机制。

在博弈论中，博弈均衡是博弈所有参与方的最优策略的组合，是围绕某一博弈事项，各博弈参与方为实现自身效用最大化进行博弈，达到各方都不想改变自己策略的相对静止的状态。围绕实施供应链环境成本内部化的目标，实现利益相关者的价值最大化与各自环境价值诉求间的平衡是供应链实施环境成本内部化初始条件，而均衡状态是各利益相关者围绕是否实施环境成本内部化这一议题，以满足自身价值诉求为出发点不断进行博弈的结果，博弈的均衡状态是供应链环境成本内部化实施的基础条件。各利益相关者的博弈及博弈均衡在供应链环境成本内部化过程中所起到的作用可以从以下三个方面进行阐述：

（1）利益相关者的博弈均衡是基础条件。如前所述，供应链环境成本内部化是通过供应链进行环保投资实现的，因此在实施过程中受企业是否进行环保投资这一决策影响的群体众多，同时能够对这一决策产生影响的群体也不少，所以从这一角度来讲，该问题就不单是企业或者供应链视角的问题，而应该从利益相关者的范畴来进行考量。

假设供应链内的核心企业愿意通过环保投资改善其生产经营过程中对环境造成的负面影响，但其行为得不到原有供应链系统内其他企业的配合，该核心企业需重新寻找合作伙伴并建立稳定的供应链合作关系。这将导致成本的上升，为了弥补因投资环保而带来的成本上升，最为可能的做法是企业提高产品价格，若消费者对产品的环保品质不敏感或者不关心环境变化，则消费者不会做出购买价格更高的产品的决策。在这一由核心企业—成员企业—消费者组成的利益相关者群体中，任何利益相关者的不配合都将导致供应链环境成本内部化的实施受阻，因此，为了保障供应链环境成本内部化的实施，各利益相关者必须就实施供应链环境成本内部化这一决策先达到博弈均衡。这一均衡必然意味着各利益相关者围绕着将外部环境成本内部化这一主题对自身价值诉求进行让步和妥协，因此，供应链环境成本内部化的实施过程不光涉及利益相关者的博弈还涉及利益相关者的合作。利益相关者的博弈均衡状态是实施供应链环境成本内部化的基础条件。

（2）利益相关者的博弈均衡策略下的价值诉求是供应链环保投资的约束条件。各利益相关者达到博弈均衡，意味着供应链的博弈均衡策略是实施供应链环境成本内部化，而其他各利益相关者的均衡策略有利于推动内部化的实施，在该博弈均衡状态下，各利益相关者的策略选择我们称之为博弈均衡策略，比如，为了促进企业进行环保投资以将外部环境成本内部化，政府可能要出台环境规制以引导和驱使企业行为，消费者可能要积极选购环保产品以引导企业行为，环保团体可能要加强对企业环境行为的监督等。

与各利益相关者的博弈均衡策略相对应的是其环境价值诉求的满足程度，博弈均衡的前提是各利益相关者的环境价值诉求基本得到满足，这也成为供应链进行环保投资决策时必须考量在内的决策约束条件。比如，对于理性的消费者来说，要使其做出购买环保产品的决策，其购买成本和使用成本要不大于其购买和使用非环保产品的总成本，这就要求企业进行环保投资后对其所生产产品的定价有一个消费者可接受的区间，供应链最终产品定价不能超过可被消费者接受的最高定价；对于政府来说，虽然其负有对环境进行监管的职责，但其对企业行为进行监管是需要付出成本的，如果付出的成本远远大于环境改善程度，则很难促使政府做出监管决策，政府进行监管的条件是监管成本小于政府直接治理环境的成本；对于供应链上的企业来说，如果环保投资后获得的收益反而小于环保投资前，则在缺乏外部监管的情况下，企业不会选择进行环保投资，尤其是对于供应链上的成员企业来说，如果协同进行环保投资却不能保障利润，理性的企业会选择退出供应链。如上所述，利益相关者在博弈均衡策略下的环境价值诉求构成供应链环保投资决策的约束条件。

（3）利益相关者的不断博弈是供应链环境成本内部化演进的持续动力。在博弈达到均衡的条件下，集成供应链进行环保投资，随着环保投资发挥改善环境的作用，预期环境状况得到改善，企业成本—收益情况发生变化，其他利益相关者的环境价值诉求也会发生变化，这些变化将导致各利益相关者可能希望对当前博弈策略做出调整，博弈均衡状态被打破，针对新的环境价值诉求，博弈将继起，并最终达到新的博弈均衡状态，在新的博弈均衡状态下，各利益相关者的策略选择促使供应链环境成本内部化不断演进。

供应链环境成本内部化不断演进的目标是促使企业承担环境成本、改善经济发展与环境保护间的关系、促进可持续发展，这一目标的达到是各利益相关者博弈—博弈均衡—新的博弈—新的博弈均衡这一状态不断反复持续的过程，每一次的博弈和博弈均衡都将带来环境系统、经济系统、社会系统的改善，在不断进行帕累托改进的过程中实现帕累托最优。

3.3.2　实现途径：集成供应链环保投资

供应链进行环保投资是将外部环境成本内部化的重要途径。涉及投资问题，就需对投资项目进行评价以分析企业如何实现盈亏平衡，而作为环境成本内部化实现途径的环保投资在分析时具有以下特点：

（1）供应链上的企业是实现环境成本内部化的环保投资主体。根据“谁污染谁付费”原则，造成生产环节污染的企业和造成消费环节污染的消费者需支付费用以消除其对环境造成的影响，而现实的情况是作为社会资源监管者的政府支付了大量的环境治理费用，虽然政府财政支出来源于税收，即间接来源于企业和消费者，但当前环境治理模式不利于明晰环境治理责任，造成环境治理效率低下、环境治理结果不尽理想等诸多问题。在所有环境污染中，企业造成的污染占比重较大，根据“谁污染谁付费”的原则，企业必须成为承担环境责任的主体，进行环保投资以改善环境绩效。

（2）供应链环保投资决策是一个面临多个约束条件的最优化问题。如前所述，各利益相关者的博弈均衡策略构成内部化的约束条件。面对来自不同利益相关者的不同策略选择所构成的约束条件，各利益相关者能否做出科学合理的决策是内部化过程中要解决的关键问题。优化的目标是将环境绩效考量在内的供应链系统收益最大化，而约束条件则需根据对政府、企业和消费者环境价值诉求及博弈均衡策略的分析得到。集成供应链收益最大化是在满足相关利益主体价值诉求基础上的最大化，不是无约束的最大化。有约束的最大化意味着各利益相关者为了环境保护对自身利益做出了让步和妥协，其做出的决策只能是一个满意的决策，这一决策与无约束条件下的最优决策存在差异，如何将该差异控制在各方可接受范围内是本书决策机制研究所要解决的问题。

（3）供应链环保投资决策问题是一个涉及多主体决策的综合决策问题。如前所述，供应链将外部环境成本内部化的过程中始终贯穿着利益相关者的影响。在博弈均衡条件下，每个利益相关者都有最佳的行为策略，但是每个利益相关者的行为策略又会对其他主体的策略选择产生影响，比如政府对企业环境保护行为的监管力度可能会影响到企业环保投资的投入力度，消费者对环保产品的偏好程度会影响到企业的投入力度，社会公众和环保团体对环境质量的敏感程度会影响到政府对企业的监管力度等，各利益相关者的行为间相互影响，为了达到各利益相关者利益满意化与环境保护目标间的协调统一，各利益主体在进行决策时必须考虑到决策对其他主体造成的影响，因此，供应链环境成本内部化投资决策问题是一个涉及多主体决策的综合决策问题。

（4）供应链环保投资决策需兼顾供应链整体利益与成员企业个体利益。在分散式决策模式下，供应链上成员企业的决策目标是实现个体收益最大化，而在集成情况下，供应链的目标转变为实现供应链系统收益最大化，由于内部化的过程受到环境容量、政府政策、消费者需求、企业成本—收益等条件的约束，集成供应链决策的目标变为满足上述多个约束条件基础上的经济利益最优化，而要实现这一目标，离不开成员企业的协同合作。在满足约束的条件下，以整体收益最优为决策目标可能会使个体成员企业的收益受到损害，这时就需要遵循协同原则采取一定的分配机制对成员企业间的收益进行调整，实现整体最优与个体满意间的相统一。

3.3.3 实施保障：成员企业协同合作

供应链中的协同合作问题，是供应链研究中最为重要的几个问题之一，建立良好的协同合作关系是供应链成功运营的重要保障，直接影响到供应链的绩效（陆彬和高阳，2007）[156]。供应链企业间协同合作是供应链环境成本内部化稳定实施的重要保障。

关于供应链协同的定义比较多：Quinn（2001）[65]认为供应链协同是指所有成员企业共同努力以达成共同的目标，包括共享信息、知识、风险和利益等过程；马士华等（2009）[115]认为供应链协同是指供应链上企业之间的资源整合、组织关系协调和供应链业务流程协作，目标是为了获得更高的收益或以更低的成本满足客户需求，总之是为了提升供应链竞争力，获取竞争优势。总结上述定义，供应链协同是供应链企业为了提高供应链的整体竞争力而做出的彼此协调和相互努力。与供应链协同相区别的一个概念是供应链合作关系（supply chain relationship），合作关系是指供应链各成员之间在一定时间内共享信息、共担风险、共同获利的协议关系。研究认为[157]合作对协同产生正面影响。协同和合作是层次不同的两个概念，合作是协同的基础，而协同则是在合作基础上对各方利益进行的进一步调整。

供应链环境成本内部化协同是指供应链在实现环境成本内部化这一问题上的协同，借鉴马士华等（2009）[115]对供应链协同的定义，供应链环境成本内部化协同是指为了实现供应链环境成本内部化这一共同目标，供应链成员企业间整合资源、协调组织关系并协作供应链业务流程，目标是为了在实现环境成本内部化的同时获得更高的收益或者以更低的成本实现环境成本内部化。曾文杰和马士华（2010）[157]认为供应链协同的预期收益体现在增加销售、提高预测精准度、有效的信息交流、成本降低、库存减少和客户服务改善等几个核心业务领域。在环境成本内部化的过程中，协同包括信息共享、决策集成、协作计划编制、激励和补偿以及分配规则等方面。

尽管越来越多的企业意识到承担社会责任的重要性，但是作为理性人，大多数企业所追求的是经济效益最大化，因此，若要使供应链协同实施环境成本内部化，其收益必须使合作企业满意。保障供应链协同合作关系稳定的关键是确保协同收益在成员企业间合理分配。若参与供应链协同后，成员企业获得收益反而下降，成员企业缺乏参与协同的动力，则协同合作缺乏可持续的基础。为保障供应链环境成本内部化能够持续稳定实施，需在供应链企业间建立稳定的协同合作机制，其中最主要的是收益在成员企业间进行合理分配。企业之所以加入供应链之间的协同合作关系是因为加入供应链后能获得超额利润，即使不能获得超额利润，所得到的利润也不能低于成员企业本身所处的行业平均水平或者不能少于企业未参与供应链前的水平，这是供应链收益分配应该满足的基本条件，也是供应链合作关系维持下去的基础。

3.3.4 引导因素：政府环境规制政策

政府对企业环境行为进行监督的目的在于促使企业将环境保护纳入日常生产经营活动，促使企业将当前事后为主的环境治理模式转变为全过程防治相结合的环境治理模式，提高环境治理的效率和效果。在企业将外部环境成本内部化的过程中，政府应该发挥的是监督引导作用，不能过多地干涉企业的行为，这也是为了进一步明晰环境成本的责任主体，确立合理的环境成本分摊方式奠定基础。

那么政府应该采取何种措施对企业行为进行监督引导呢？依据企业经营特点和按照政府直接管理控制程度的高低、环境政策手段可以划分为命令控制型、经济刺激型和鼓励劝说型三种，如图 3-7 所示。

在 2018 年 1 月 1 日《环境保护税法》正式施行以前，我国普遍实行的是总量控制手段和征收排污费手段，两者均属于管控程度较高的手段，这与我国的国情相适应。

首先，环境问题不断恶化。近年来，尽管环境意识逐渐深入人心，但当环境与经济效益相冲突时，相当大一部分企业选择牺牲环境以换取经济效益，进入 21 世纪以来，我国主要工业污染物排放虽得到一定程度的控制，但总体仍处于上升趋势。环境的不断恶化造成了大量的问题。以大气污染为例，近年来，我国京津冀等区域每年都出现严重雾霾污染天气，PM2. 5 成为社会公众普遍关注的问题，严重影响公众身体健康和正常生活。

其次，我国尚处于市场经济初级阶段，市场发育尚不完善，在当前中国的社会经济发展水平下，单靠市场解决由于外部性带来的市场失灵几乎不可能。科斯认为，政府并不一定要干预与某一活动相关的外部性，只要产权清

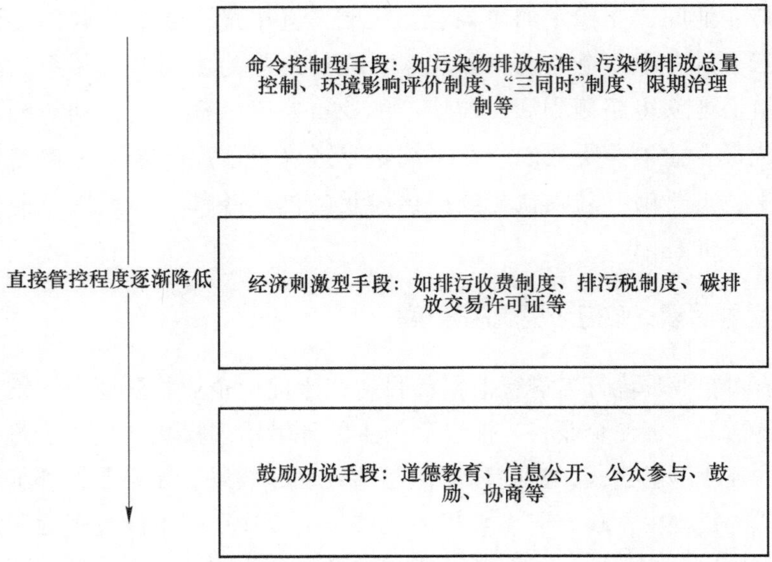

图 3-7　政府环境规制政策手段分类

晰且交易成本为零，那么，有关各方就可以通过谈判实现帕累托最优。然而，完全通过市场手段解决环境问题还面临着一系列的问题，主要是环境资源的产权难以确定，同时环境问题涉及的市场主体众多，交易费用庞大，在市场经济尚不完善的我国，完全依靠市场手段解决环境问题存在困难，因此政府必须发挥引导监督作用。

以上所讨论政府监管政策侧重于政府对企业行为的规制，我国还出台了一系列的环境激励措施，目的在于以更直接的方式对企业的环境成本内部化行为给予嘉奖。规制政策更侧重于最终结果的考核，对企业具体运作流程不做考核，只考核企业最终排污结果，这样只要企业最终排放污染不超过政府规定的额度，或者即使超过了额度，通过缴纳更高的排污费等形式也可满足政府规制要求；政府激励政策更侧重于通过给予财政补贴、税收减免等形式引导企业去革新生产工艺、改进生产流程、创新生产技术，目的是为了激励企业改变末端治理为主的环境治理模式。政府环境规制和激励政策是政府环境监管政策的两大组成部分，两种手段结合运用方能更好地引导和驱使企业进行环保投资。

3.3.5 发展演进：外部约束因素演变

供应链环境成本内部化是通过供应链上企业的环保投资实现的，其环保投资决策是一个面对多个约束条件的最优化问题，在供应链环境成本内部化进程中，供应链及所面临的决策约束条件会发生变化，对其决策行为产生影响。

企业环保投资决策行为的变化，一方面受利益相关者价值诉求变化的影响，另一方面又对利益相关者环境价值诉求产生影响，在各利益相关者多方作用下，环境成本内部化不断演进（见图3-8）。

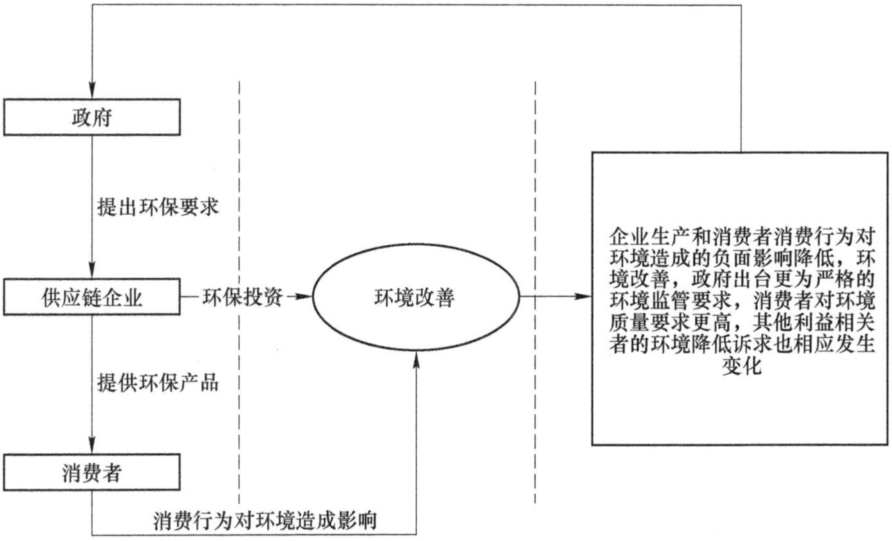

图3-8 供应链环境成本内部化演进图

供应链环境成本内部化系统演进的直接动因是利益相关者间的不断博弈，隐含在直接动因之后的间接动因是利益相关者间的利益重新分配。演进的总体趋势应该是环境质量不断改善、企业经济绩效提高，环境保护和经济发展间的关系得到改善，并促进环境库兹涅茨曲线（EKC）由传统发展模式下的高山状向着更为扁平化的方向演进。在诸多利益相关者中，政府政策对企业决策行为的影响作用尤其大，因此有必要通过分析政府政策对供应链环境成本内部化的影响来明晰环境规制是如何影响企业决策和供应链环境成本内部化演进的。

本章小结

本章在探究供应链环境成本内部化内涵及构成要素的基础上，对供应链环境成本内部化的构成要素和过程机制进行了分析，认为利益相关者博弈均衡是供应链环境成本内部化的基础条件，企业进行环保投资是实现供应链环境成本内部化的途径，各利益相关者及供应链成员企业间协同合作是实现供应链环境成本内部化的重要保障，政府通过规制—激励政策进行监督指导是供应链环境成本内部化的引导，利益相关者的博弈促进供应链环境成本内部化系统的不断演进。

4 主要利益相关者环境行为抉择博弈

利益相关者的博弈动因是各利益相关者环境价值诉求的差异，而博弈的均衡状态是供应链实施环境成本内部化的基础条件。供应链环境成本内部化的过程中，影响各利益相关者博弈的因素主要有哪些？如何实现各利益相关者的博弈均衡？在博弈均衡状态下，各利益相关者的策略选择如何？是本章要解决的主要问题。

4.1 主要利益相关者环境价值诉求分析

4.1.1 主要利益相关者范围界定

1963 年，斯坦福研究所提出了利益相关者的概念—那些如果没有他们的支持企业组织将不复存在的群体。1965 年伊戈尔·安索夫（Igor Ansoff，1918~2002）发展了上述概念，其后利益相关者的含义不断演变（Roberts，1992）[158]，直到 1983 年，R. 爱德华·弗里曼提出利益相关者的里程碑式概念“那些能够影响企业目标实现，或者能够对企业实现目标过程产生影响的任何个人和群体”，利益相关者的概念逐渐成熟。弗里曼的定义不仅将影响企业目标实现的个人和群体也视为利益相关者，同时还将受企业目标实现过程中所采取的行动影响的个人和群体也看作利益相关者，正式将社区、公众、政府部门、环境保护主义者等实体纳入利益相关者管理的研究范畴。参照弗里曼（1983）对利益相关者的定义，能够影响供应链环境成本内部化实现的利益相关者均可视为供应链环境成本内部化的利益相关者。

Walker 等人（2008）[69]对供应链环境行为的刺激因素和阻碍因素的研究进行了综述，认为刺激因素主要包括组织层次的因素、政府监管、消费者、竞争者和社会公众，阻碍因素主要包括成本、缺乏环境立法、供应商忠诚度低以及行业因素，而组织外部因素所起作用要大于组织内部因素。为方便分析，本书以供应链系统内外为划分标准将利益相关者分为外部利及内部利益相关者，内部利益相关者主要是指供应链系统内的企业群体，而企业群体本身又是一个极为复杂的利益群体的综合体，企业内部包含股东、员工、管理层、投资者等利益群体，在此我们假设在实施环境成本内部化的问题上，企业内部的利益相关者是一个具有同样价值诉求的整体并将供应链上的主导企业作为这一复杂利益群体综合体的代表；外部利益相关者主要是指政府、消费者、社会公众、环保团体、大众传媒等。

利益相关者因其地位作用的不同，对企业决策所起作用也有所不同。Mitchell 等人（1997）[159]认为，可以按照企业利益相关者影响企业的能力、利益相关者与企业关系的合法性和利益相关者对公司要求的紧迫性三个标准将企业利益相关者分为主要和次要利益相关者。对于工业污染防治过程中涉及的主要利益相关者可以达成共识的有三类：环境产权所有者（由各级政府部门代理行使所有权）、企业（污染制造者）和一般公众（污染消费者和受害者）（Chen et al.，2004）。[53]。主要利益相关者所起作用更为直接和有效。

按照上述三个标准，本书认为，供应链环境成本内部化决策主要的利益相关者包含政府、消费者和企业，其中政府和消费者为外部利益相关者，供应链上的企业为内部利益相关者。实际上，在广义供应链系统中，消费者也是供应链的一部分，但是，在本书中为了突出供应链环境成本内部化实施主体—企业的作用，仅将供应链企业视为内部利益相关者。值得特别注意的是，作为供应链环境成本内部化监管者与推动者的各级政府间存在委托—代理关系，这就使得中央政府与地方政府的环境价值诉求存在差异，因此，在博弈分析中将政府区分为中央政府和地方政府，但是在中央政府与地方政府就供应链环境成本内部化问题的博弈达到均衡后，各级政府成为一个具有推动监督供应链环境成本内部化实施的相同目标的利益群体。基于上述分析，本书最终选取中央政府、地方政府、以供应链核心企业为代表的集成供应链和消费者作为主要利益相关者，如图 4-1 所示。

4.1.2　主要利益相关者环境价值诉求识别

在环境成本的内部化问题上，各利益相关者的环境价值诉求不尽相同（高红贵，2012）[160]。要使各利益相关者就实施环境成本内部化达到博弈均衡的前提条件是各利益相关者的基本环境价值诉求得到满足。若利益相关者的环境价值诉求发生变化，则博弈将继续，直到达到均衡。因此，本部分将通

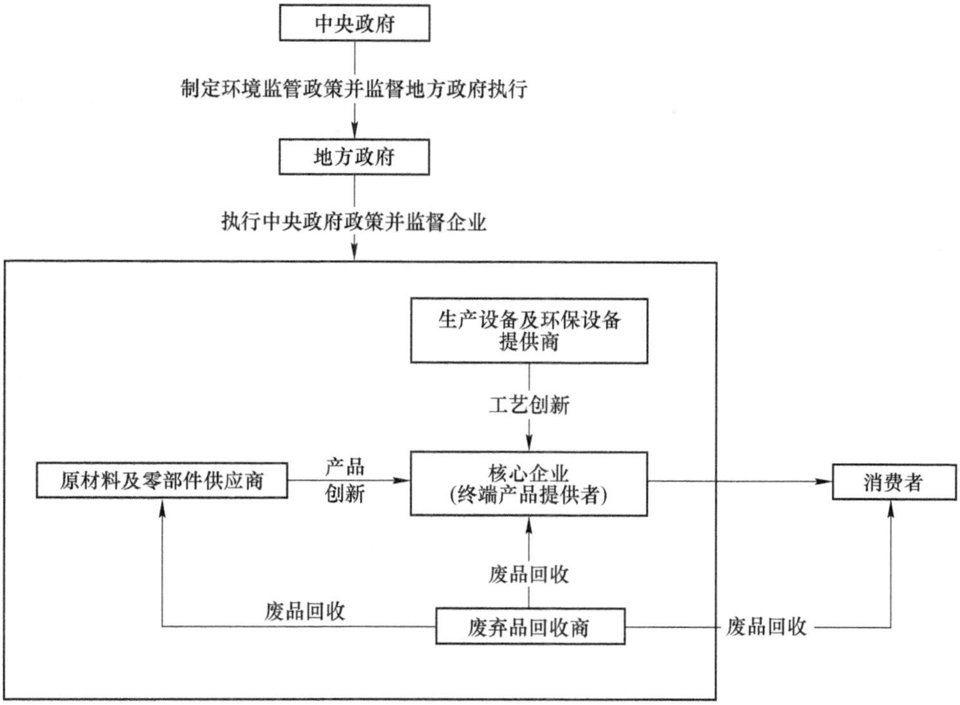

图 4-1 主要利益相关者在供应链环境成本内部化中的作用示意图

过分析，识别中央政府、地方政府、消费者和供应链上企业的环境价值诉求。

1. 中央政府

如前所述，环境成本的负外部性实际上是市场失灵的表现，而政府监管不足、法律框架及政治体制的不完善是造成市场失灵的重要性原因之一，要解决由于市场失灵而带来的一系列环境问题，政府应发挥积极作用（谭九生，2012）[161]。在环境污染已经成为事实的情况下，如果不进行治理，国民财富、社会资源将继续受到损害，环境治理则起到保护国民财富、社会资源的作用，因此，由政府承担一定的环境治理费用是同政府作为国民财富、社会资源管理者的职能相称的。据统计资料显示，近年来我国环境保护财政支出逐年增加，2017 年支出 5672 亿元，与 2013 年的 3435 亿元相比，年均复合增长率达到 13.3%。中央政府对环境的监管主要通过环境政策的手段实现，作为国家监管环境的重要手段，环境政策的本质是价值或者利益分配，体现为国家为保护环境而做出的各项制度安排、改进与创新（宋国君等，2008）[162]。

中央政府的环境价值诉求受到其角色地位的影响。首先，作为社会经济发展总的监管者，中央政府希望促进经济发展、增进社会福利。然而，环境问题往往伴随经济发展而来，在经济发展的特定阶段，若对企业环境行为进行严厉监管，则有可能导致经济增长速度放缓，这时政府就需要在促进经济增长和保护环境间进行权衡，探索如何平衡二者之间的关系。其次，作为代理全体国民行使权利的环境产权所有者，中央政府必须对环境问题负责，负责的直接形式就是出台法律法规对企业行为进行监管。以中国为例，多年来以出台了一系列环境政策法规对环境进行监管，见表 4-1。总体而言，中央政府的环境价值诉求是实现经济、社会和环境的可持续发展，实现社会福利最大化。

表 4-1　中国环境立法基本现状

1973 年	中国公布了第一个环境标准《工业“三废”排放试行标准》
1979 年	《中华人民共和国环境保护法（试行）》，1989 年修订为《环境保护法》
1982 年	《海洋环境保护法》
1984 年	《水污染防治法》，1996 年重新修订
1987 年	《大气污染防治法》，1995 年修订
1995 年	《固体废物污染环境防治法》
1996 年	《环境噪声污染防治法》
1997 年	修订后的《中华人民共和国刑法》增加了有关“破坏环境资源保护罪”的规定。
2002 年	《中华人民共和国环境影响评价法》颁布
2014 年	全国人大常委会通过《环境保护法》修订案
2016 年	《环境保护税法》
2018 年	《中华人民共和国宪法修正案》，生态文明被正式写入宪法

2. 地方政府

地方政府的环境价值诉求受到地方政府双重身份的影响和制约。依据刘祖云（2007）[163]提出的政府间关系的“十字形博弈”观点，在政府间博弈关系中，处于中心位置的不是中央政府，而是处于各个“十字形节点”的地方政府，因为他们既“上传下达”又“左右逢源”（见图4-2）。在一个相对独立的基层环境体系中，地方政府、公众和企业是最主要的三个参与主体（刘小青，2012）[164]，地方政府处于沟通中央政府政策与企业行为的中心位置，也是督促企业实施环境成本内部化的直接主体。地方政府的作用主要体现在以下三个方面：

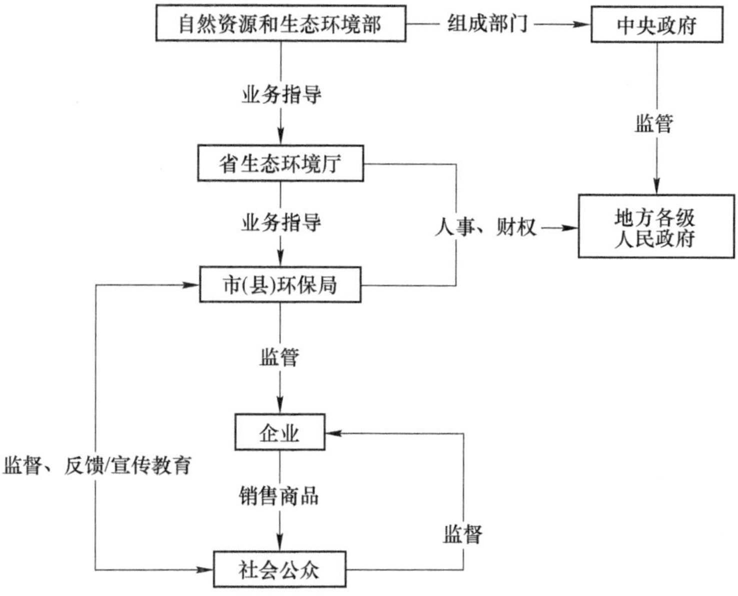

图4-2 中国现行的环境管理体制图

（1）贯彻执行中央政府环境规制政策。地方政府作为企业生产经营活动的直接监管者，其对中央政府政策的执行力度将会直接影响到对企业的监管力度，进而对区域内企业的决策产生影响，若地方政府对中央政府政策执行不力，则会起到纵容企业破坏环境的反作用，导致中央政府政策不能落到实处。

（2）督促辖区内企业改善治理环境。符合理性人假设的企业追求经济效益最大化，因此，在缺乏外部监管的条件下，企业很难主动实施环境成本内部化，另一方面，企业的环保投资具有很大的外部性，在权责不明确的情况下，企业不会主动进行环境成本内部化投资。在该情况下，为督促辖区内企业主动承担环境成本，地方政府需严格执行中央政府环境政策，同时结合辖区内经济发展水平和区域生态状况，出台适宜本区域的环境政策，促进辖区内企业将环境成本内部化。

（3）承担企业无法承担的环境成本。厉以宁（1990）[21]指出，某一造成环境污染的企业愿意承担环境治理和清除污染的费用，但污染产生之后，涉及的地域广，该企业无法靠自身的力量来完成广泛范围内的环境治理任务。它力所能及的，往往只限于消除污染。这时候就需要地方政府承担追加的一部分环境治理成本，即承担企业无法承担的环境成本。

地方政府一方面作为中央政府的派出机构要执行中央政府的环境政策，履行环境监管的职责，另一方面作为地方社会经济发展的规划者和指导者又要兼顾地方经济的发展，而这两者在一定程度上存在矛盾，由于中央政府与地方政府间的信息不对称，中央政府政策很难完全贯彻到地方。地方政府的环境价值诉求还会受到地方政府官员执政思想和中央政府考核体制的影响，出于促进地方经济发展和增加执政业绩的考量，在区域经济发展与环境保护存在矛盾的情况下，地方政府可能会选择牺牲环境保护。在能做到平衡地方经济发展与环境保护间关系的前提下，地方政府会对辖区内企业进行有效监督并积极执行中央政府各项方针政策；而当地方经济发展与环境保护相矛盾时，地方政府的选择充满不确定性，因此要加强中央政府对其的督导。

3. 供应链企业

一般而言，环保投资导致企业经营成本上升、短期内经济效益下滑，加之环境产权不明确、相关法律不健全且执行力差、环境成本核算复杂，企业很难主动承担环境成本。然而，随着经济社会的发展，消费者的环保意识越来越强，这给企业施加了一定的压力，另一方面，来自政府、环保团体、新闻媒体的监督也给企业造成了进行环保投资将外部环境成本内部化的外部压力。在诸多利益相关者的综合作用下，企业具有了承担外部环境成本的压力。然而，不同企业的环境价值诉求存在一定的差异。姚圣和毛子涵（2012）[165]就曾提出，企业有三种不同层次的环境控制目标：终极目标是实现基本生存权和财务生存权的良性互动；中间目标是充分考虑利益相关者的生存权来实现生态权的保值增值；具体目标是降低环境成本。按照在供应链中所起作用不同，将供应链企业分为核心企业和非核心企业，其环境价值诉求不尽相同。

（1）核心企业（focal comapany）的环境价值诉求。供应链核心企业通常是指以下三种企业：1）在供应链中起主导作用；2）与消费者订立直接合约；

3）设计买主提出的商品或服务。不同行业供应链的核心企业不同，但一般制造商和制造过程被认为是污染环境的罪魁祸首。供应链核心企业迫于政府、市场等各方压力会改善生产运营以减少对环境的影响和破坏，但前提是企业收益不受影响。供应链核心企业的环境价值诉求是在满足企业收益最优化前提下的适度的环境投入。对于品牌企业来说，核心企业在供应链环境管理方面所起的作用尤为重要，比如说耐克或者苹果的代工厂出现了环境问题，会使品牌形象受损，因此，对于供应链核心企业来说，担负有管理整条供应链环境形象的责任。

（2）供应链非核心企业环境价值诉求。供应链非核心企业具有企业的一般特性即追求经济效益最大化，因此，在缺乏外部监督和激励的情况下，供应链非核心企业同样缺乏实施环境成本内部化的动力。然而，在核心企业实施环境成本内部化后，为继续保持供应链成员企业资格，非核心企业需对生产经营进行调整，以满足核心企业对产品和服务的需求，可以说，供应链非核心企业的环境价值诉求是为保持供应链成员企业资格，在权衡成本—收益基础上，有条件的实施环境成本内部化。

综上所述，在缺乏外部监管的情况下，企业没有承担外部环境成本的动机，企业在各利益相关者压力下才会具有将外部环境成本内部化的动力。核心企业的压力来源于外部利益相关者的监督，而非核心企业的压力更多的来自核心企业。

4. 消费者

消费者作为企业产品的最终购买者，其消费倾向能够对企业是否进行环保投资产生影响。按照消费者对产品环保度的敏感性，借鉴戴桂林等(2006)[108]的研究，可将消费者分为三类：环保敏感型消费者、价格敏感型消费者和介于二者中间类型的第三类消费者（见图4-3）。下面将就三种类型消费者的环境价值诉求分别进行分析。

（1）环保敏感型消费者。该类型消费者的最主要特征是关注产品的环保程度，购买的主要依据是产品是否环保。通常来讲，该种类型的消费者更关注产品的品质，对价格相对不太敏感。该种消费者可以接受以相对较高的价格购买环保产品。

（2）价格敏感型消费者。对于价格敏感型消费者来说，价格是影响其购

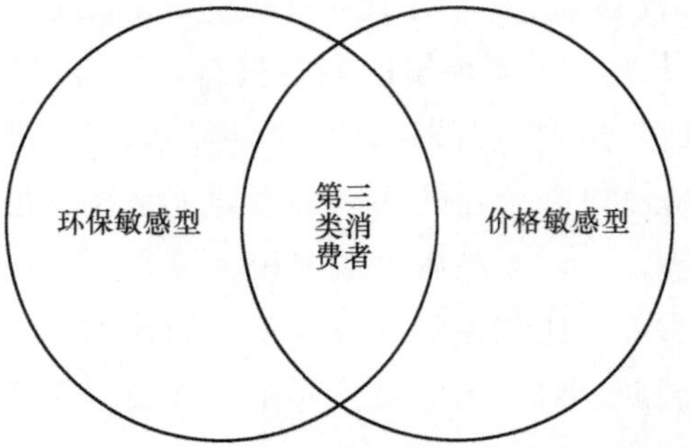

图 4-3　基于消费者对环保品质敏感性的消费者分类

买决策的主要因素，该种类型的消费者一般收入水平较低。若企业环保投资后所生产环保产品价格高于非环保产品，该种类型的消费者倾向于选择购买价格较低的非环保产品。当价格敏感型消费者在所有消费者中所占比重较大时，环保产品市场前景黯淡，企业将没有环保投资的积极性。

（3）第三类消费者。该类消费者并不特别对价格或者环保性能敏感，难以直接划入上述两种分类。正因为如此，该种类型的消费者若加以适当引导，则极有可能转变为环境敏感型。

综上所述，不同类型的消费者具有不同的环境价值诉求，企业在进行产品生产决策时应对市场进行细分、瞄准目标市场群体并积极引导消费者转变消费方式，促进环保产品市场占有量的扩大。

4.2　主要利益相关者行为抉择博弈分析

基于对不同利益相关者环境价值诉求的识别，本部分将构建中央政府、地方政府、集成供应链的三方博弈模型，同时将消费者购买行为引入模型中探析消费者对供应链环境成本内部化的影响。博弈的基本概念主要包含参与人、参与人的行动、信息、战略、支付函数、结果和均衡[14]。参与人是指在博弈中选择行动以最大化自身效用的决策主体；行动是参与人的决策变量；战略是参与人的行动规则，它是参与人选择行为的依据；信息是指参与人在博弈中的知识，特别是关于其他参与者的行动的知识；结果是指博弈分析者感兴趣的要素的集合；均衡是指所有参与人的最优战略或行动的组合。按照参与人的行动顺序可将博弈划分为静态博弈（static game，指博弈中的参与人同时选择行动，或虽然不是同时行动但是后行动者不知道先行动者的行动）和动态博弈（dynamic game，指参与人的行动有先后顺序，且后行动者能够观察到先行动者所选择的行动）[14]，按照上述标准，本书所研究的供应链环境成本内部化利益相关者博弈属完全信息动态博弈，存在子博弈精炼纳什均衡。

4.2.1 博弈模型假设

为了对中央政府、地方政府和集成供应链间的三方动态博弈进行分析，本书在不影响问题本质的前提下，做出如下假设：

（1）消费者、企业、地方政府均为理性人，中央政府具有保护环境的责任，企业未承担的环境治理支出由中央政府承担。

（2）集成供应链为包含一家制造商与一家供应商的二级供应链，制造商向消费者提供产品，为供应链内的核心企业。

（3）中央政府出台环保监督激励政策，依据地方政府上报信息发放补贴。若地方政府不作为，企业无法获得补贴。中央政府对地方政府进行督导，根据地方政府环境绩效是否合格予以奖励或惩戒。环境绩效评价的标准是辖区内企业进行环境成本内部化投资的程度及效果。中央政府对地方政府的奖惩虽难以量化，但会影响地方政府的行为选择。

（4）集成供应链环保投资前所生产产品为非环保产品，环保投资后开始生产环保产品，并逐渐替代非环保产品。供应链的产品市场份额为 Q 并相对稳定。消费者选择购买环保产品或非环保产品。

（5）地方政府根据对中央政府政策的理解，选择是否对辖区内企业的环境绩效进行监管。在监管情况下，对企业所生产非环保产品征收罚款。

基于上述假设，设定模型构建所需参数如下。

O_{ij} 为中央政府（$i=1$），地方政府（$i=2$），集成供应链（$i=3$）的支付函数（$j=1, 2, \cdots, 8$）；

I 为集成供应链初始环保投资；

ΔR 为集成供应链环保投资后所产生的销售利润变化量；

ΔW 为集成供应链环保投资后所产生的供应链环境治理成本节约额；

ΔZ 为集成供应链环保投资后所产生的中央政府环境治理成本节约额；

J_1 为中央政府对地方政府的督导成本；

J_2 为地方政府对企业的监管成本；

K 为中央政府对地方政府监管企业治污不作为的罚款（货币化度量）；

A 为中央政府对地方政府环境绩效合格的褒奖或因环境改善产生的效益（不会影响中央政府的支付函数，是影响地方政府决策的要素）；

F 为地方政府对供应链未进行环保投资而征收的罚款；

B 为集成供应链因环保投资而获得的中央政府补贴；

α 为中央政府对地方政府执行中央政策、监督企业行为进行监管的概率（$1-\alpha$ 为中央政府对地方政府不进行监管的概率）；

β 为地方政府对企业环境行为进行监管（同时表明地方政府积极执行中央政府政策）的概率（$1-\beta$ =地方政府对企业不进行监管的概率）；

γ 为集成供应链进行环保投资的概率（$1-\gamma$ =供应链不进行环保投资的概率）；

μ 为消费者购买环保产品的概率（$1-\mu$ 为消费者购买非环保产品的概率）。

4.2.2　博弈模型构建及求解

章辉美和邓子纲（2011）[166]就政府、企业和社会三方针对社会责任问题的三方动态博弈问题进行了研究，借鉴该研究，本书构建中央政府、地方政府、供应链的三方动态博弈模型，其博弈树如图 4-4 所示。值得注意的是，因为消费者作为普通社会公众，会对供应链上的企业施加环保压力，同时，消费者作为供应链的终端需求者，其购买行为又会对供应链的决策产生影响，但是将消费者作为博弈参与方构建四方博弈模型又过于复杂，因此本书将消费者购买环保产品的概率 λ 引入模型中，通过该三方博弈模型的求解及分析能明晰作为第四方的消费者的行为选择对中央政府、地方政府和消费者三个博弈参与方行为选择的影响。

对于有两个以上博弈参与方的博弈来说，一般用博弈树来进行表示。图 4-4为该三方动态博弈的博弈树，其中节点 CG、LG 和 SC 分别表示中央政府、地方政府和集成供应链。

对于静态博弈的分析常用战略式表述，而对于动态博弈的分析则常用到扩展式，博弈的扩展式主要包含参与人集合、参与人的行动顺序、参与人的行动空间、参与人的信息集和参与人的支付函数等要素[14]。具体到中央政府、地方政府和集成供应链针对是否将外部环境成本内部化的三方动态博弈

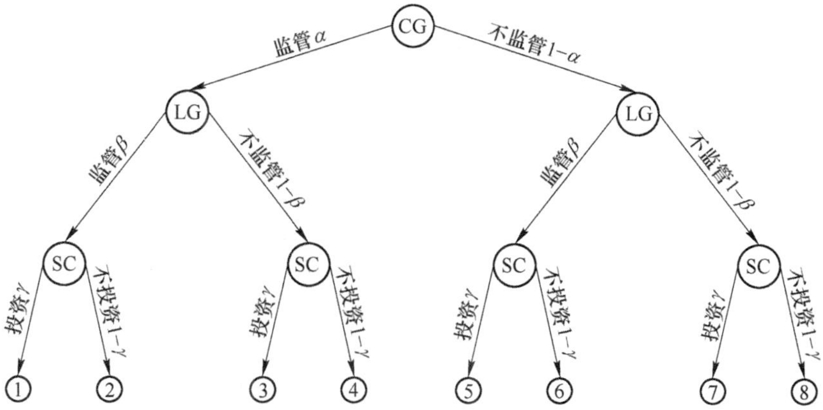

图 4-4 中央政府、地方政府、供应链三方动态博弈树

模型，其扩展式如下所述。

（1）参与人集合：中央政府、地方政府、集成供应链。

（2）参与人的行动顺序：假定参与人的行动顺序为中央政府、地方政府、供应链。中央政府制定环境监管政策并根据对地方政府行为的预测决定是否对其进行督导；地方政府根据对中央政府行动的观察和理解选择是否对辖区内企业的环境绩效进行监管；集成供应链根据对地方政府行为的观察，选择是否进行环保投资。

（3）参与人的行动空间：中央政府为对地方政府实施监管与不监管；地方政府为对企业实施监管与不监管；集成供应链的选择为投资与不投资。

（4）参与人的信息集：中央政府监管与不监管的概率分别为 α 和 $1-\alpha$；地方政府监管与不监管的概率分别为 β 和 $1-\beta$；集成供应链投资与不投资的概率分别为 γ 和 $1-\gamma$。

（5）参与人的支付函数：基于上述假设，对应图 4-4 中三方动态博弈树的 8 个分支，分别给出各博弈参与方的支付函数，见表 4-2。

表 4-2 中央政府、地方政府及供应链在不同博弈策略下的支付函数

序号	中央政府、地方政府、供应链
1	$O_{11}=\Delta Z-B-J_1$，$O_{21}=A-J_2$，$O_{31}=\Delta R+\Delta W+B-I$
2	$O_{12}=K-J_1$，$O_{22}=F-J_2$，$O_{32}=-K$
3	$O_{13}=\Delta Z-J_1$，$O_{23}=0$，$O_{33}=\Delta R+\Delta W-I$

续表 4-2

序号	中央政府、地方政府、供应链
4	$O_{14} = K - J_1$, $O_{24} = 0$, $O_{34} = 0$
5	$O_{15} = \Delta Z - B$, $O_{25} = -J_2$, $O_{35} = \Delta R + \Delta W + B - I$
6	$O_{16} = 0$, $O_{26} = F - J_2$, $O_{36} = -F$
7	$O_{17} = \Delta Z$, $O_{27} = 0$, $O_{37} = \Delta R + \Delta W - I$
8	$O_{18} = 0$, $O_{28} = 0$, $O_{38} = 0$

表 4-2 所示支付函数间与图 4-4 所示博弈树之间存在一一对应的关系。比如，表中第 1 行对应博弈树的第 1 个分支，O_{11}、O_{21} 和 O_{31} 分别表示中央政府、地方政府、集成供应链的支付函数，依次类推。如前述分析，中央政府的价值诉求是实现社会福利最大化，而社会福利最大化的函数中存在许多难以确定的因素，因此，针对中央政府的支付函数，采用环境治理支出的节约额和罚没收入之和作为替代。

博弈参与方的支付函数不仅依赖于自身的行为选择还受到其他参与方行为选择的影响，令 Π_1，Π_2 和 Π_3 分别表示中央政府、地方政府和集成供应链各自支付函数的总和（分别如式（4-1）~式(4-3）所示)，运用逆向递归法对各利益相关者的支付函数进行分析：

$$\begin{aligned}\Pi_1 = {}& \alpha\beta\gamma O_{11} + \alpha\beta(1-\gamma)O_{12} + \alpha(1-\beta)\gamma O_{13} + \alpha(1-\beta)(1-\gamma)O_{14} + \\ & (1-\alpha)\beta\gamma O_{15} + (1-\alpha)\beta(1-\gamma)O_{16} + (1-\alpha)(1-\beta)\gamma O_{17} + \\ & (1-\alpha)(1-\beta)(1-\gamma)O_{18}\end{aligned} \tag{4-1}$$

$$\begin{aligned}\Pi_2 = {}& \alpha\beta\gamma O_{21} + \alpha\beta(1-\gamma)O_{22} + \alpha(1-\beta)\gamma O_{23} + \alpha(1-\beta)(1-\gamma)O_{24} + \\ & (1-\alpha)\beta\gamma O_{25} + (1-\alpha)\beta(1-\gamma)O_{26} + (1-\alpha)(1-\beta)\gamma O_{27} + \\ & (1-\alpha)(1-\beta)(1-\gamma)O_{28}\end{aligned} \tag{4-2}$$

$$\begin{aligned}\Pi_3 = {}& \alpha\beta\gamma O_{31} + \alpha\beta(1-\gamma)O_{32} + \alpha(1-\beta)\gamma O_{33} + \alpha(1-\beta)(1-\gamma)O_{34} + \\ & (1-\alpha)\beta\gamma O_{35} + (1-\alpha)\beta(1-\gamma)O_{36} + (1-\alpha)(1-\beta)\gamma O_{37} + \\ & (1-\alpha)(1-\beta)(1-\gamma)O_{38}\end{aligned} \tag{4-3}$$

将表 4-2 中 O_{ij}（$i = 1, 2, 3; j = 1, 2, \cdots, 8$）的表达式分别代入式（4-1）~式（4-3），分别就 Π_1、Π_2 和 Π_3 对 α、β 和 γ 求导并分别令 $\partial\Pi_1/\partial\alpha = 0$，$\partial\Pi_2/\partial\beta = 0$ 和 $\partial\Pi_3/\partial\gamma = 0$，可得到该三方动态博弈模型的均衡解。

首先，由 $\partial\Pi_3/\partial\gamma=0$ 可得到地方政府对企业进行监管的概率 β 如式(4-4)所示：

$$\beta=\frac{I-(\Delta R+\Delta W)}{B+F} \tag{4-4}$$

然后，由 $\partial\Pi_2/\partial\beta=0$ 可得到中央政府对地方政府进行监管的概率 α 如式（4-5）所示：

$$\alpha=\frac{F}{A}-\frac{F-J_2}{\gamma A} \tag{4-5}$$

最后，由 $\partial\Pi_1/\partial\alpha=0$ 可得到集成供应链进行环保投资的概率 γ 如式(4-6)所示：

$$\gamma=\frac{K-J_1}{K} \tag{4-6}$$

在式（4-6）中，因为 $\gamma\geqslant 0$，则有 $K\geqslant J_1$，即中央政府在收益最大化条件下对地方政府环境治理不作为的罚款不会小于其督导成本。将式（4-6）代入式（4-5）可得中央政府收益最大化条件下的监管概率为：

$$\alpha=\left(J_2\frac{K}{J_1}-F\right)\frac{1}{A\left(\frac{K}{J_1}-1\right)} \tag{4-7}$$

综合上述式（4-4）、（4-6）、（4-7），中央政府、地方政府、集成供应链的三方动态博弈的均衡解为：

$$(\alpha^*,\beta^*,\gamma^*)=\left[\left(J_2\frac{K}{J_1}-F\right)\frac{1}{A\left(\frac{K}{J_1}-1\right)},\ \frac{I-(\Delta R+\Delta W)}{B+F},\ \frac{K-J_1}{K}\right] \tag{4-8}$$

如前所述，博弈均衡是指所有博弈参与方的最优战略或者行动的组合，式（4-8）所示博弈均衡解分别是中央政府对地方政府的最优监管概率、地方政府对企业的最优监管概率、集成供应链的最优投资概率，从上述博弈均衡解的表达式可以看出，各博弈参与方的最佳策略选择依赖于其他博弈参与方的策略选择，各博弈参与方的策略选择间互相影响，这与博弈论研究的主题—存在相互外部经济条件下的个人选择问题[14]相符合。各主体间具体是如何相互影响的将在下节进行分析。

4.3　主要利益相关者环境行为决策博弈均衡机制

4.3.1　主要利益相关者行为抉择影响因素分析

就各利益相关者自身而言，影响其行为选择的内部因素均在支付函数中有所表示。对中央政府来说，影响其行为选择的内部因素是供应链环保投资带来的环境治理支出节约额 ΔZ 、监管成本 J_1、罚款收入 K 以及补贴支出 B。考虑到中央政府对社会经济与环境协调发展、实现社会福利最大化的环境价值诉求，其在进行决策时不能单纯考量成本—效益分析，还应重点考量行为选择对推动环境改善的作用。对地方政府而言，影响其行为选择的主要内部因素是环境改善收益 A、罚款收入 F 及监管成本 J_2。对供应链企业来说，影响其决策的主要内部因素是环保投资带来的销售利润变化量 ΔR 、治污成本的节约 ΔW 、环境成本内部化初始投资 I。消费者的行为选择对其他三个博弈参与方的影响主要体现在其购买环保产品的概率 μ 对供应链环保投资销售利润 ΔR 的影响上。分析环保投资前后的供应链利润，可知消费者购买环保产品的概率 μ 越大，ΔR 越大，供应链环保投资的概率会越大。而通过上述博弈模型的求解，可分析各利益相关者的行为决策是如何相互影响的。对各利益相关者而言，其行为选择是在影响其决策的内外部因素综合作用下博弈均衡的结果。

1. 影响中央政府监管决策的因素分析

由式（4-5）可知，中央政府对地方政府的监管概率 α 与其对地方政府因监管治污不力的罚款 K 和地方政府的监管成本 J_2 成正比，与中央政府对地方政府的督导成本 J_1、地方政府的罚款收入 F 和地方政府环境绩效合格获得的效益 A 成反比。其含义表明，当地方政府监管成本 J_2 高时，地方政府的监管积极性下降，中央政府需加强对地方政府的督导。中央政府对地方政府督导的目的是督促地方政府有效监管其辖区内企业的环境绩效。地方政府监管有效时，集成供应链进行环保投资，地方政府可获得中央政府的褒奖或环境绩效合格带来的其他效益（如区域环境质量改善等）；若集成供应链未进行环保投资，地方政府可对其征收高额罚款。也就是说，当地方政府通过监管可获益（征收高额罚款 F 或者可获得褒奖 A）时，地方政府对辖区内企业监管的概率会增大，中央政府可节省对地方政府督导的强度。但中央政府的监管概率会随其督导成本 J_1 高而降低。

由 $0 \leqslant \alpha \leqslant 1$ 可得 $F(J_1/K) \leqslant J_2 \leqslant F(J_1/K) + A[1-(J_1/K)]$，意味着地方政府在追求收益最大化条件下，其监管成本以控制在一定范围为宜，并受改善环境的获益和征收罚款的力度以及中央政府对其督导力度的影响。

2. 影响地方政府监管决策的因素分析

由式（4-4）可知，地方政府监管的概率 β 与罚款收入 F 和中央政府对供应链的补贴 B 成反比，与供应链环保投资所带来的净收益增量（$\Delta R+\Delta W$）成反比，与供应链的初始环保投资额 I 成正比。其含义表明，中央政府补贴力度越大，地方政府监管的概率越小；为避免被征收高额罚款企业会倾向于进行环保投资，可节省地方政府的监管强度。当供应链环保投资数额大时，考虑到成本、市场风险等因素，供应链环保投资的积极性小，地方政府有必要加强监督和引导。若环保投资能带来净收益增加，企业具有投资的积极性，地方政府的监管概率保持适度即可。在环保投资项目运行的初期，适度的中央政府补贴会对供应链实施环境成本内部化起到促进作用。

此外，注意到地方政府对供应链监管的概率 $\beta \geqslant 0$，即 $I \geqslant \Delta R + \Delta W$，意味着当供应链环保投资所能带来的净收益增量尚不足以收回投资额时（环保投资的效果通常难以在短期内显现），集成供应链会缺乏环保投资的积极性，地方政府必须加强监督。同时，中央政府需给予适度补贴。中央政府补贴的数额应不小于 $I-(\Delta R+\Delta W)$，以有助于其实现盈亏平衡。

3. 影响集成供应链环保投资决策的因素分析

由式（4-6）可知，集成供应链环保投资的概率 γ 与中央政府对地方政府因监管治污不力的罚款 K 成正比，与地方政府的监管成本 J_1 成反比。其含义表明，当各级政府监管严格时，供应链环保投资的概率增大。中央政府对环境绩效不合格的地方政府征收罚款，能够有效督促地方政府对辖区内供应链上的企业的监管，提升环保投资的概率；但若地方政府的监管成本过高，其监管概率会减小，供应链环保投资的概率也会减小。

如上分析可知，通过该博弈模型解析得出的均衡解表征了各利益相关者的行为选择是如何受其他利益相关主体影响的，即影响各利益主体行为决策的外部因素。

4.3.2　主要利益相关者环境行为抉择博弈均衡机制

通过上述分析可知，中央政府、地方政府和集成供应链的三方动态博弈的均衡解如式（4-8）所示：

$$(\alpha^*, \beta^*, \gamma^*) = \left[\left(J_2\frac{K}{J_1} - F\right)\frac{1}{A\left(\frac{K}{J_1} - 1\right)}, \frac{I - (\Delta R + \Delta W)}{B + F}, \frac{K - J_1}{K}\right]$$

根据前述对影响各博弈参与方行为策略的影响因素的分析，为达到（中央政府监管地方政府、地方政府监管企业、供应链进行环保投资）的博弈均衡，促进供应链进行环保投资，中央政府、地方政府和集成供应链三方应通过环境政策与利益动因相适配来实现环境价值诉求的协同。

如图 4-5 所示，中央政府在供应链环境成本内部化过程中起政策导向作用并督导地方政府的行为，地方政府兼具中央政府政策执行者和企业行为监管者的双重身份，供应链上的企业则是进行环保投资的主体，消费者的环保要求会推动供应链进行环保投资，在中央政府、地方政府、集成供应链和消费者等利益相关者的协同努力下，供应链环境成本内部化的实施起到改善自然环境的作用。在上述协同机理的指导下，各利益相关者应积极履行其在供应链环境成本内部化过程中的责任。

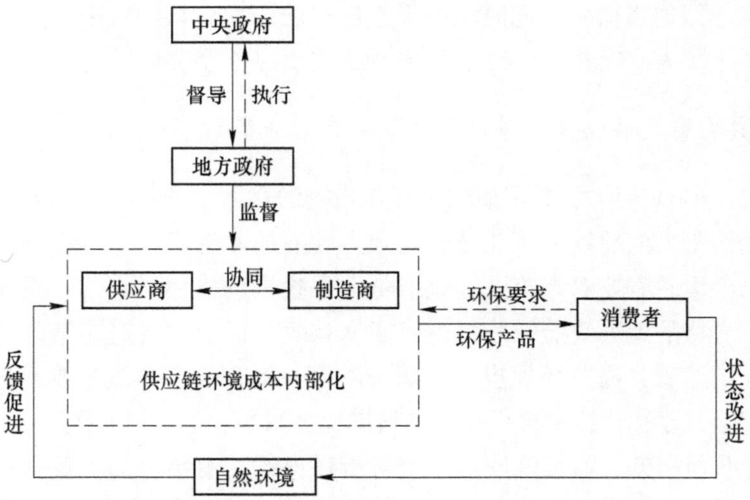

图 4-5　主要利益相关者环境行为博弈均衡机制

(1) 中央政府健全环境成本内部化监督激励政策，发挥政策导向作用。供应链环境成本内部化的目的是促使供应链上的企业成为投资环境治理的主体，从杜绝产生环境成本外部性的根源入手来解决环境问题。为此，中央政府制定环境政策时必须注意三个方面的问题：其一，制定的环境政策本身必须科学合理。其二，为保证政策得到有效执行，中央政府必须完善对地方政府的督导机制。从近期看，中央政府应在把握环境政策方向性的同时，从制度上约束地方政府过度追求地方经济发展而忽视环境问题的做法；从长期来看，中央政府应完善对地方政府的绩效评价制度，将环境因素作为绩效评价的重要指标之一。其三，为激励供应链上的企业主动承担社会责任，中央政府应完善对企业的扶持政策机制。在环保投资初期，政府应给予激励性补贴，随着环保产品的市场化发展具备市场竞争性时，政府补贴可考虑退出。

(2) 地方政府完善政策执行机制和对企业的监督机制，有效发挥监督执行作用。地方政府作为国家环境政策的执行者，其执行力度直接影响到环境政策的有效性。地方政府应该积极发挥其“上传下达”作用，将中央政府的政策落到实处。其一，地方政府必须更新执政观念，树立地方经济发展与环境保护相协同的可持续发展观。其二，地方政府在积极执行中央环境政策的基础上应因地制宜完善区域环境政策，对企业进行有效监管。比如说，目前我国主要执行排污收费制度，但各地方政府在执行中存在收费标准不统一、收费执行情况差等情况，导致该政策不能发挥促使企业承担社会责任的作用，为此，地方政府应规范管理制度，严格按照国家标准执行。其三，在企业环保投资的同时，地方政府要尽快完善相关配套设施，鼓励消费者使用环保产品。以新能源汽车为例，若政府投资完善基础设施，为消费者使用新能源汽车提供便利渠道，将有效降低新能源汽车的使用成本，促进消费者购买新能源汽车，提高企业生产新能源汽车的积极性。其四，中央政府和地方政府要建立顺畅的沟通机制，提高效率，降低监管成本。

(3) 供应链上的企业积极承担环境成本内部化的责任，发挥投资主体作用。传统环境成本支付模式下，企业是污染的产生者，却没有承担因污染带来的环境成本，环境成本的外部性造成了环境治理的低效率，使公众遭受污染而未得到补偿。为此，通过环境成本内部化来促使企业成为投资环境治理的主体。其一，供应链企业必须树立环保意识并渗透到生产经营各个环节，从源头上改善环境问题。其二，积极进行环保投资，将生产经营活动对环境造成的损害降低到环境可承受的范围。其三，从产品设计入手，满足消费者对环保的需求，引导帮助消费者建立绿色环保的消费习性。

（4）消费者树立绿色环保的消费观念，发挥监督推动作用。就企业来说，判断是否进行环保投资的标准是预期的成本/收益变化，在成本控制相对稳定的情况下，收益增长主要依赖于环保产品销量的增长。消费者对环保产品的认可与购买将直接影响企业环保投资的效益。消费者一方面是产品的使用者，另一方面又是环境污染的承受者，因此，培养绿色环保的消费习性对于敦促企业从源头上改善环境污染具有重要的推动作用。

本章小结

本章将集成供应链系统作为一个整体，对供应链环保投资的外部博弈均衡机制进行了研究，探讨了为实施供应链环境成本内部化，中央政府、地方政府、集成供应链的博弈均衡策略。通过对博弈均衡结果分析可知，在供应链环保投资进行环保投资的过程中，中央政府应发挥政策导向作用，地方政府发挥监督执行作用；各级政府的监督是供应链上的企业是否进行环境成本内部化的外部推动力，环保产品得到市场认可并带来收益增加是内部动力。为顺应利益相关者对环境价值的诉求，有效推动供应链环境成本内部化的实施，各级政府、消费者和供应链上的企业必须共同努力，以期实现经济、社会和环境的可持续发展。

5 环境规制约束下的供应链环保投资决策

如前所述，环境成本内部化的过程伴随着企业环保投资的增加，本部分选取供应链投资发展环保产品为例，对供应链环保投资中的各利益相关者决策进行研究。具体通过构建以供应链进行环保投资后的增量利润净现值最大化为目标函数，且以环境容量、环境规制政策、库存成本和消费者购买行为约束构成的环境可持续约束条件为约束的最优化投资决策模型为分析工具，并运用库恩—塔克条件对模型进行解析，探寻约束条件下集成供应链的最佳产销量、定价、库存策略以及政府的最佳补贴政策。本章要解决的问题主要有以下几个方面：集成供应链环保投资决策受到哪些约束条件的制约？投资决策的标准和最优解是什么？各约束条件变化情况如何？对上述问题的回答将有助于更深入的分析供应链环境成本内部化这一研究主题。

5.1 政策驱动下的供应链环保投资决策约束

供应链进行环保投资后会带来成本的上升、如何将成本增量控制在可接受的范围内并最大化收益以达到盈亏平衡直至盈利，是供应链环保投资决策的目标之一。通过第 4 章博弈部分的分析可知，各利益相关者之间互相作用、互相影响，供应链的环保投资决策受到一系列约束条件的制约，供应链收益最大化的目标是满足约束条件限制的最大化。约束条件下的供应链收益最大化的环保投资决策实际上是供应链在进行投资决策的同时，探索如何正确处理供应链经济绩效与环境绩效、供应链环保投资与政府规制—激励政策和消费者购买行为间关系的过程。

那么供应链究竟受到哪些约束条件的制约呢？在罗马俱乐部发表的《增长的极限》[167]报告中，首次指出传统工业化道路带来的环境污染等问题会最终制约人类的发展。人们开始认识到，自然环境作为生产系统的物质资源提供者和废弃物的接受者，对企业生产决策产生重要影响。按照可持续发展的原则，当环境系统所接纳的污染物超过环境可自我消解的范围时，环境自我修复的功能受到损害，污染物排放不超过环境可自我消解的范围是决策面临的环境容量约束条件。

通过第 4 章的博弈分析可知，各级政府对企业环境行为监管力度越大，企业进行环保投资的概率越大，政府环境政策对于企业环境行为引导和驱使作用的效果越明显。但是政府环境监管政策是否越严越好呢？这是值得审慎思考的问题。政府除了对企业污染行为进行惩罚外，还对其环保投资行为进行激励，供应链的环保投资决策会受到环境规制政策影响，如何在政府规制—激励政策下进行决策是供应链面临的另一决策约束。

除了政府外，供应链环保投资决策还会受到消费者影响，在博弈均衡条件下，消费者购买环保产品的概率越大，供应链进行环保投资的概率越大，而促使消费者做出是否购买环保产品的决策的关键是购买和使用成本不能太高，这也构成了供应链环保投资决策的另一约束条件。

除了来自环境规制政策和消费者购买行为的约束，还有来自供应链系统的约束，供应链管理的目标是降低供应链系统的成本、提高供应链的竞争力，供应链管理中的一个重要议题之一是库存管理，如何控制库存成本也是决策约束条件之一。

综上所述，本书将供应链环保投资所面临的来自内外部环境的一系列约束，称之为环境可持续约束。具体包括环境容量约束、政府规制—激励约束、消费者购买行为约束及库存约束（见图 5-1）。在这些约束条件下，供应链就环保投资项目进行决策，政府针对如何制定规制—激励政策进行决策。

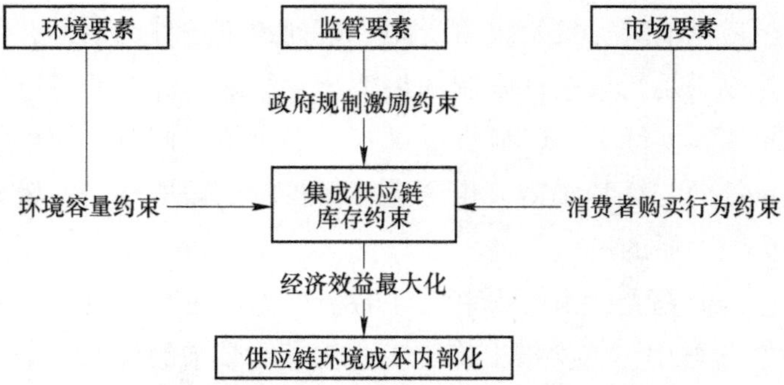

图 5-1　环境可持续约束条件示意图

5.1.1 环境容量约束

1. 环境容量的概念定义

环境容量的具体定义在学术界尚存在争议，联合国海洋污染科学专家组（Group of Experts on the Scientific Aspects of Marine Environmental Protection, GESAMP）在1986年将其定义为在一定的承载力范围内，环境所能容纳的污染物的能力[168]。一种较为普遍的观点认为，环境容量是指在人类生存的自然环境不致受损害的前提下，环境以其自净功能而可能容纳污染物质的最大负荷量。在特定的环境及环境功能条件下，任何污染物都有其特定的环境容量[169]。

近年来，环境容量问题引起了学术界和实务界的广泛关注。现有部分研究已经意识到环境容量是制约区域发展以及企业生产决策的重要条件。陈祖海和熊焰（2006）[170]认为，当前经济发展面临的最大问题之一是环境容量变小，焦点是环境系统物质能量的更新和储量限制了经济增长，主要表现在自净率降低。张红等（2008）[171]对水环境容量资源约束条件下山东省的最优经济规模进行了研究，研究结果认为，当前山东省水环境容量已存在过度利用现象，制约了经济的发展。周密（1987）[172]指出，环境容量是一个变值。随着环境的持续破坏，环境自净功能遭到毁灭性破坏，环境容量变小；而若环境得到持续保护和修复，环境容纳污染物的容量可能会增加，因此，必须始终将经济发展对环境造成的破坏限定在环境容量范围内。

2. 环境容量约束的确定方法

环境容量约束是指企业排污不超过环境可自我消解的污染物数量。明确环境容量约束的过程中涉及的一个关键问题是如何确定区域环境容量。对于该问题诸多学者进行了有意义的研究，如王修林等（2006）[173]认为海洋环境容量在数值上等于标准自净容量与相应海域海水浓度本底值所确定的污染物蓄存量之和。郑洪波等（2010）[174]运用分区达标控制法对大连市金港区总体规划中纳污海域的COD、无机氮、PO4-P和石油类污染物的海洋环境容量进行了计算。上述计算方法虽然较为精确，但是在操作上较为困难。

政府和企业对环境治理的最低目标是使环境中的污染物不大于环境可自我消解的部分。污染物水平在环境容量范围内时，环境能够将这部分污染物自我消解的，无须治理。本书对环境容量的具体确定方法不做深入研究，结合我国总量控制的环境管理办法，将企业的环境容量限制界定为政府为企业规定的合理排污上限（供应链的排污限制为供应链上各企业排污上限的加总）。本书将环境容量约束定义为，企业产品生产环节排放污染物不超过政府规定的排污上限。

5.1.2 环境规制约束

1. 环境规制约束的概念定义

环境规制政策约束主要是指在供应链环保投资决策受到政府对企业污染行为的监督政策和对企业环保投资行为的激励政策的影响。政府规制—激励的力度影响到企业投资的动机，那么政府监管到底该保持在什么水平呢？对政府来说，监管需付出成本，政府会在成本收益间权衡。基于经济效率原则，当环境监管的边际成本与进一步改善环境所带来的边际收益相等时是最优控制目标。

为弥补企业因环保投资而带来的成本上升，政府还需适当地进行补贴，补贴的依据是企业因环保投资而带来的成本增量，主要包含两个部分：一是运营成本的增加；二是初始投资成本的增加。在依据企业成本增量确定政府补贴政策时需将这两部分相加计算总的成本增量，然后再按照总产量平均，计算确定单位产品成本增量，作为政府给予补贴的计算依据。实际中可能还包括其他相关成本，在此不做分析。

对政府而言，需在鼓励企业治理环境与亲自治理环境间进行比较，政府补贴的上限是，供应链环保投资后，政府付出的补贴支出不大于供应链进行环保投资前后政府所付出的环境治理净支出（环境治理成本减去从企业征收的罚款）节约额。具体补贴数额的确定是政府在核定供应链因进行环保投资而带来的成本增量基础上，通过与企业协商确定的。

2. 环境规制政策约束的区域差异

我国幅员辽阔、区域经济发展水平以及生态状况差异巨大，由此导致政府制定环境规制时必须将区域差异因素考量在内，因地制宜出台相关政策。一般而言，就生态状况相对较差的地区，出台并执行严格的环境规制政策，不鼓励其发展产生污染的工业生产；就经济较发达地区而言，调整经济结构、转变经济增长方式，提高资源利用效率，改善历史发展对环境造成的不良影响是区域发展的首要任务，因此，应该出台严格的环境规制政策；对于经济欠发达地区而言，发展经济是首要任务，但是一定要坚持经济社会可持续发展的发展方式，吸取经济较发达地区的经验教训，从一开始就注意消除对于环境的不良影响。

5.1.3 消费者购买行为约束

1. 消费者购买行为约束的概念定义

消费购买行为约束主要是指供应链的定价决策受到消费者购买行为的影响。消费者一方面是环境污染的受害者，另一方面又是产品的使用者，消费者须在享用清洁安全的环境与支付高于传统产品的价格来购买环保产品间进行抉择。不同类型的消费者会有不同的选择，对于价格敏感型消费者而言，选择的依据可能是产品价格而不是产品的环境友好度；对于环境品质敏感型消费者而言，选择的依据是产品的环境友好度而不是价格，愿意为环保性能更好的产品支付更高的价格；对于价格和环境品质均敏感型消费者（或者难以判断对环保品质还是价格更敏感的消费者）而言，需要在两者间做出权衡。将上述三种类型的消费者全部考量在内，消费者购买行为约束是指，将消费者的环保敏感度考量在内后，消费者购买并使用环保产品的总代价不大于购买并使用非环保产品的总代价。

2. 消费者购买行为约束的确定方法

消费者购买并使用（非）环保产品的总成本主要包括购买价格和使用成本。其中较难确定的是使用成本，对于非环保产品而言，市场较为成熟，购买和使用的消费者也较多，对于使用成本的确定有历史数据可循。而对于企业进行环保投资后所生产的环保产品，则较难确定。但是可以遵循的基本原则是，在有市场同类产品的情况下，比照市场同类产品的数据估算确定，在没有市场同类产品的情况下，按照相似产品调整估算确定。其中需要注意的是，在计算环保产品的购买价格时，需将消费者的环保敏感度考量在内。环保敏感度高的消费者愿意支出更高的价格来选购环保产品。

5.1.4　库存成本约束

库存成本一般由三部分构成：订货成本、库存持有成本和缺货成本，在假设没有缺货成本的情况下，一般可用经济订货批量（Economic Order Quantity，EOQ）模型计算确定最佳订货批量。

1. 经济订货批量的含义

订货批量是指每次订货的数量，在某项存货年需求量既定的前提下，降低订货批量可以使存货的储存成本随着平均库存持有量的减少而降低，经济订货批量方法的基本原理是借助于各类物资库存成本的不同特点，寻求他们之间的规律，找出一个总库存成本最低的库存水平。

2. 经济订货批量的确定

在本书中，假设不存在缺货成本，依据经济订货批量（EOQ）确定最佳的订货批量，依据订货成本=库存成本的公式可计算确定最佳的订货批量。值得注意的是，在本书中假设供应商管理库存（Vender Managed Inventory，VMI），供应商基于制造商的生产经营情况、库存信息等对制造商的库存进行管理与控制，将供应链企业间多级库存关系简化为了单级库存管理问题。

5.2　供应链环保投资决策模型构建及分析

本部分将运用项目评价法对供应链环保投资决策进行评价，与单纯评价其经济效益不同，还需将其环境影响评价在内。在分析过程中，不单只分析供应链的投资决策问题，还对政府的补贴决策进行分析。所采用的方法是构建包含环境可持续约束条件在内的综合投资决策模型。借鉴 Ding 等人（2014）[48]所做的研究，建立环保产品投资评价的两阶段模型，如图 5-2 所示。

$t=n\ (n<N)$ 表示供应链系统实现盈亏平衡，即 $\Delta NPV=0$ 的时刻，在 $t \leqslant n$ 的项目初始阶段，因发展环保产品而投入了大量的初始投资并导致生产成本的上升，可能会导致负的 ΔNPV，这就需要政府进行适当的补贴，以鼓励供应链环保投资；当项目运行到 $t \geqslant n$ 的时刻后，项目现金流基本稳定且能够弥补成本的增加，政府逐渐减少以致停止对企业提供补贴。

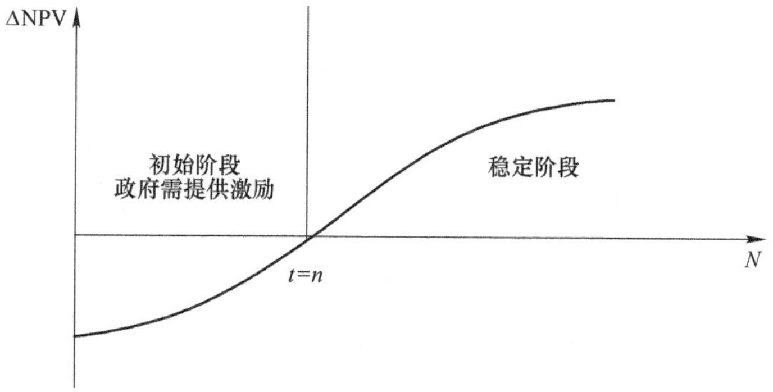

图 5-2 环保产品投资项目的两阶段示意图

5.2.1 模型假设

如前所述，该优化模型所要解决的问题是在约束条件下如何实现供应链系统收益最大化，具体的决策问题包含四个方面：集成供应链产销量决策、定价决策、库存决策和政府补贴决策。为分析问题，需对现实情况进行假设。决策模型假设与前述利益相关者博弈模型的基本假设一致，适应模型构建的需要，对博弈部分的假设进行更为具体的描述，如下所述。

（1）集成供应链由一家供应商、一家制造商组成，制造商为供应链核心企业并直接向消费者销售商品，制造商生产一个单位产品需耗用 m 单位的原材料，制造商与供应商间的库存管理采用供应商管理库存（VMI）模式，无缺货成本。

（2）制造商产品所占市场份额为 Q，环保投资前所生产产品全为非环保产品，环保投资后同时生产环保产品和非环保产品，环保产品以固定增长率逐渐替代非环保产品直至完全替代。

（3）政府就企业所生产非环保产品征收罚款，对环保产品给予补贴，在本书中假设政府对企业排污行为征收的罚款为参变量，重点分析政府的补贴政策。补贴的方式多样，本书假设政府将补贴发放给制造商，制造商与供应商间协商确定补贴的分配方式，补贴的数额按供应链因投资生产环保产品而带来的成本增量的一定比例核定。

（4）企业生产环节和产品使用环节会对环境造成影响，若企业和消费者不承担消除影响的环境成本，则政府会支出一部分环境成本将环境治理到可自我修复的程度。

（5）相关参数假设如下：

Q 为制造商产能，即产品所占市场份额；

Q^e 为环保产品产销量；

Q^u 为 Q，环保投资前非环保产品产销量，$Q^u = Q - Q^e$ 为环保投资后的非环保产品产销量；

P_m^u，P_m^e 分别为非环保产品与环保产品的销售价格；

C_m^u，C_m^e 为制造商生产单位非环保与环保产品的变动生产成本；

W_m^u，W_s^u 为制造商和供应商对治理单位非环保产品所产生污染物分别支付的成本；

W_m^e，W_s^e 为制造商和供应商对治理单位环保产品所产生污染物分别支付的成本（$W_m^e < W_m^u$，$W_s^e < W_s^u$）；

E_s^u，E_s^e 为环保投资前后，供应商生产单位产品的排污量；

E_m^u，E_m^e 为环保投资前后，制造商生产单位产品的排污量；

P_s^u，P_s^e 分别为供应商提供单位非环保与环保中间产品（原材料）的交易价格，即制造商单位非环保与环保原材料的采购价格；

C_s^u，C_s^e 为供应商生产单位非环保与环保中间产品（原材料）的变动成本；

m 为制造商生产一单位产品所耗费的原材料数量；

B_m 为政府给予制造商单位环保产品的补贴；

α 为政府对单位环保产品的补贴系数；

F_m^u，F_s^u 分别为政府向制造商和供应商单位非环保产品征收的罚款；

R_m^u，R_m^e 分别为环保投资前后，制造商的年净利润；

R_s^u，R_s^e 分别为环保投资前后，供应商的年净利润；

I_m，I_s 分别为制造商和供应商的初始环保投资额；

Z^u，Z^e 分别为供应链环保投资前后，政府支出的环境治理成本；

r 为风险调整折现率；

k 为消费者环保品质敏感系数（$0 \leqslant k < 1$）当 $k = 1$ 时，消费者只对环保品质敏感，价格不是其决策考虑因素，该情况暂不考虑；

U^u，U^e 分别为非环保与环保产品生命周期内总使用成本；

g 为环保产品年产销量增长率；

Y 为环境容量；

q 为年均订货次数；

C_O^u，C_O^e 分别为 VMI 库存管理模式下，供应链环保投资前后的单次订货成本；

C_h^u，C_h^e 分别为 VMI 库存管理模式下，持有单位非环保产品和环保产品相关库存的持有成本；

b 为政府节约的环境治理支出中用于对企业进行补贴的比例（$0<b<1$）。

其中，环保产品产销量 Q^e 、环保产品价格 P_m^e 、订货批次 q 和政府补贴系数 α 为决策变量，其他为参变量。

5.2.2 模型构建❶

本章所构建的模型参考了安志蓉、丁慧平、刘倩、何明凤（2014）[175] 所做的研究。文献[175] 所做的研究针对企业环境成本内部化决策构建了包含环境可持续约束条件和企业销售利润净现值最大化为目标函数的最优化模型。在上述研究的基础上，本书将上述模型延伸和应用到供应链环境成本内部化的研究中，在目标函数中，运用的是集成供应链系统的收益，其中包含了整条供应链的初始投资及运用成本；约束条件设计的基本思路一致，但在政府规制—激励约束中包含了政府补贴在供应链中的价值传导因素，同时，增加了库存约束。与已有研究相比，本书所设计的模型更为复杂。

1. 供应链实施环境成本内部化前后的企业收益分析

将环境规制政策作为决策约束条件考量在内时，供应链系统成员企业的收益受到政府规制—激励政策的影响。政府监管的基本思路是政府对企业所生产环保产品予以补贴，而对非环保产品征收罚款。

针对政府的监督激励政策，企业有环保投资和不环保投资两种行为策略。对于环保投资所生产环保产品，企业获得补贴，而对于非环保产品，则需向政府缴纳罚款。对供应链成员企业而言，环保投资之前，所生产产品皆为非环保产品，其企业利润的表达式为：

---

❶ 本部分内容参考了安志蓉，丁慧平，刘倩，何明凤. 可持续发展下企业环境成本内部化决策. 江西社会科学. 2014（4）：44-50. 所做的研究[175].

企业利润=产品产销量×(单价-成本-政府罚款-环境治理成本)

进行环保投资前，制造商的年利润为：

$$R_{mt}^{u} = (P_{mt}^{u} - mP_{st}^{u} - C_{mt}^{u} - F_{mt}^{u} - W_{mt}^{u})Q \tag{5-1}$$

供应商的年利润为：

$$R_{st}^{u} = m(P_{st}^{u} - C_{st}^{u} - F_{st}^{u} - W_{st}^{u} - C_{h}^{u}/2q_{t})Q - q_{t}C_{o}^{u} \tag{5-2}$$

集成供应链的利润总额为成员企业利润的加总，则环保投资之前，集成供应链的年利润总额为：

$$R_{t}^{u} = (P_{mt}^{u} - C_{mt}^{u} - mC_{st}^{u} - F_{mt}^{u} - mF_{st}^{u} - W_{mt}^{u} - mW_{st}^{u} - mC_{h}^{u}/2q_{t})Q - q_{t}C_{o}^{u} \tag{5-3}$$

将集成供应链现金流折现，产品生命周期内供应链的净现值如式（5-4）所示，

$$NPV^{u} = \sum_{t=1}^{N}[(P_{mt}^{u} - C_{mt}^{u} - mC_{st}^{u} - F_{mt}^{u} - mF_{st}^{u} - W_{mt}^{u} - mW_{st}^{u} - mC_{h}^{u}/2q_{t})Q - q_{t}C_{o}^{u}]\mathrm{e}^{-rt} \tag{5-4}$$

供应链进行环保投资后，环保产品逐渐替代非环保产品。在环保产品市场化的初期，为了弥补由于投资而引致的成本上升，企业定价会高于非环保产品，在环保产品尚未被市场普遍接受的情况下，定价过高引致销量下滑，其结果是企业收入的下降，企业缺乏环保投资的积极性。为了鼓励企业进行环保投资，在环保产品市场化的初期，政府对企业生产的环保产品予以补贴。同时，在环保产品尚未完全替代非环保产品时，对非环保产品征收罚款。则进行环保投资后，企业利润的表达式变为：

企业利润=环保产品产销量（环保产品价格-环保产品成本+补贴-环保产品环境治理成本)+非环保产品产销量（非环保产品价格-非环保产品成本-罚款-非环保产品环境治理成本)-初始环保投资

进行环保投资后，制造商的利润总额为：

$$R_{m}^{e} = \sum_{t=1}^{N}[(P_{mt}^{e} + B_{mt} - mP_{st}^{e} - C_{mt}^{e} - W_{mt}^{e})Q_{t}^{e} + (P_{mt}^{u} - mP_{st}^{u} - C_{mt}^{u} - W_{mt}^{u} - F_{mt}^{u})(Q - Q_{t}^{e})] - I_{m} \tag{5-5}$$

供应商的利润总额为：

$$R_s^e = \sum_{t=1}^{N} [m(P_{st}^e - C_{st}^e - W_{st}^e - C_h^e/2q_t)Q_t^e + m(P_{st}^u - C_{st}^u - W_{st}^u - F_{st}^u - C_h^u/2q_t)(Q - Q_t^e)] - q_t C_o^e - I_s \tag{5-6}$$

则集成供应链在 t 时期内的利润总额为：

$$R^e = \sum_{t=1}^{N} [\left(P_{mt}^e + B_{mt} - C_{mt}^e - W_{mt}^e - mC_{st}^e - mW_{st}^e - \frac{mC_h^e}{2q_t}\right)Q_t^e - q_t C_o^e + \left(P_{mt}^u - C_{mt}^u - mC_{st}^u - W_{mt}^u - mW_{st}^u - F_{mt}^u - mF_{st}^u - \frac{mC_h^u}{2q_t}\right)(Q - Q_t^e)] - I_s - I_m \tag{5-7}$$

将环保投资之后集成供应链的利润折现，计算生命周期内的净现值如式（5-8）所示：

$$NPV^e = \sum_{t=1}^{N} \left[\left(P_{mt}^e + B_{mt} - C_{mt}^e - W_{mt}^e - mC_{st}^e - mW_{st}^e - \frac{mC_h^e}{2q_t}\right)Q_t^e - q_t C_o^e + \left(P_{mt}^u - C_{mt}^u - mC_{st}^u - W_{mt}^u - mW_{st}^u - F_{mt}^u - mF_{st}^u - \frac{mC_h^u}{2q_t}\right)(Q - Q_t^e)\right] e^{-rt} - I_s - I_m \tag{5-8}$$

对比式（5-8）与式（5-4），供应链进行环保投资前后，集成供应链的增量利润净现值为：

$$\Delta NPV = \sum_{t=1}^{N} [(P_{mt}^e + B_{mt} - C_{mt}^e - W_{mt}^e - mC_{st}^e - mW_{st}^e - mC_h^e/2q_t)Q_t^e - (P_{mt}^u - C_{mt}^u - mC_{st}^u - W_{mt}^u - mW_{st}^u - F_{mt}^u - mF_{st}^u - mC_h^u/2q_t)Q_t^e - q_t(C_o^e - C_o^u)] e^{-rt} - I_s - I_m \tag{5-9}$$

进行投资环保后，考虑到资金增值保值的理念，供应链决策的目标是使增量利润净现值最大化，则供应链环保投资决策模型的目标函数为：

$$Max\Delta NPV = \sum_{t=1}^{N} [(P_{mt}^e + B_{mt} - C_{mt}^e - W_{mt}^e - mC_{st}^e - mW_{st}^e - mC_h^e/2q_t)Q_t^e - (P_{mt}^u - C_{mt}^u -$$

$$mC_{st}^{u} - W_{mt}^{u} - mW_{st}^{u} - F_{mt}^{u} - mF_{st}^{u} - mC_{h}^{u}/2q_{t})Q_{t}^{e}$$
$$- q_{t}(C_{o}^{e} - C_{o}^{u})]\mathrm{e}^{-rt} -$$
$$I_{s} - I_{m} \tag{5-10}$$

2. 环境可持续约束

根据前述对环境容量约束的表述，供应链进行环保投资之后，生产环保产品和非环保产品所排放的污染物总量应在环境容量的范围内，考虑到政府监管，环境容量的取值参照政府制定的排放限值。则环境容量约束可用下式表示：

$$Q_{t}^{e}E_{mt}^{e} + mQ_{t}^{e}E_{st}^{e} + (Q - Q_{t}^{e})E_{mt}^{u} + m(Q - Q_{t}^{e})E_{st}^{u} \leqslant Y_{t} \quad (t=1,\ 2,\ \cdots,\ N) \tag{5-11}$$

政府负有对环境资源进行监管与维护的责任，但考虑到财政、税收、区域经济发展等其他因素的影响，对环境的监管以遵循可持续发展与经济性相结合为原则。同时，考虑到财政负担问题，对企业的补贴以适度为宜，存在某一上限。该上限是供应链进行环保投资前后，政府所承担的净环境治理成本（政府承担的净环境治理成本是指政府的环境治理成本减去征收的罚款）的节约额。出于经济性的考量，政府并非在环保产品的整个生命周期内均进行补贴，而是在 $t \leqslant n$（$t = n$ 时，$\Delta NPV = 0$）的初始阶段，该阶段 $\Delta NPV \leqslant 0$。

$$B_{mt}Q_{t}^{e} \leqslant b[Z_{t}^{u} - QF_{mt}^{u} - mQF_{st}^{u} - Z_{t}^{e} + (Q - Q_{t}^{e})(F_{mt}^{u} + mF_{st}^{u})] \quad (t \leqslant n) \tag{5-12}$$

化简式（5-12）得到政府补贴的范围如式（5-13）所示：

$$B_{mt} \leqslant b[(Z_{t}^{u} - Z_{t}^{e})/Q_{t}^{e} - F_{mt}^{u} - mF_{st}^{u}] \quad (t \leqslant n) \tag{5-13}$$

至于政府单位环保产品的补贴额，则是按照单位环保产品与非环保产品相比成本增量的一定比例，经政府和企业协商后确定的，即：

$$B_{mt} = \alpha_{t}\frac{\sum_{t=1}^{n}[C_{mt}^{e} - C_{mt}^{u} + m(C_{st}^{e} - C_{st}^{u})]Q_{t}^{e} + I_{m} + I_{s}}{\sum_{t=1}^{n}Q_{t}^{e}} \tag{5-14}$$

值得说明的是，式（5-14）表征的是供应链系统因进行环保投资而带来的成本增量，所以补贴也是对供应链的补贴，至于供应商和制造商间如何就补贴进行分配则需双方协商确定。将式（5-14）代入式（5-13）求得政府规制—激励约束如式（5-15）所示：

$$\alpha_t \leqslant \frac{b[Z_t^u - Z_t^e - (F_{mt}^u + mF_{st}^u)Q_t^e]\sum_{t=1}^{n} Q_t^e}{Q_t^e[\sum_{t=1}^{n}(C_{mt}^e + mC_{st}^e - C_{mt}^u - mC_{st}^u)Q_t^e + I_m + I_s]} \tag{5-15}$$

不同消费者的环境价值诉求不同，对环保产品的接受程度也不同。将不同消费者的环保敏感度考量在内的情况下，要想使环境成本内部化之后的产品为消费者所接受，对于单个消费者而言，必须满足购买并使用环保产品的总成本不大于购买并使用非环保产品的总成本，消费者行为约束如下所述：

$$P_{mt}^e(1-k) + U_t^e \leqslant P_{mt}^u + U_t^u \tag{5-16}$$

在VMI库存管理模式下，供应商管理库存，但在以供应链收益最大化为系统决策目标函数前提条件下，库存成本大小会影响到供应链系统收益，因此，供应链需就订货次数进行决策以使得库存总成本最小。依据最基础的经济订货批量（EOQ）模型，在没有缺货成本的情况下，当订货成本等于库存持有成本时，库存总成本最小，如式（5-17）所示：

$$q_t(C_o^e - C_o^u) = m(C_h^e - C_h^u)Q_t^e/2q_t \tag{5-17}$$

综合式（5-10）所表征的目标函数以及式（5-11）、（5-15）、（5-16）、（5-17）所表征的环境容量、环境规制政策、库存成本及消费者购买行为约束，构建供应链环保投资决策的最优化模型，如式（5-18）所示：

$$\begin{aligned}\mathrm{Max}\Delta NPV = \sum_{t=1}^{N}\Bigg[\Bigg(&P_{mt}^e - C_{mt}^e - W_{mt}^e - mC_{st}^e - mW_{st}^e - mC_h^e/2q_t + \\ &\alpha_t\frac{\sum_{t=1}^{n}[C_{mt}^e + mC_{st}^e - (C_{mt}^u + mC_{st}^u)]Q_t^e + I_m + I_s}{\sum_{t=1}^{n}Q_t^e}\Bigg) - \\ &(P_{mt}^u - C_{mt}^u - mC_{st}^u - W_{mt}^u - mW_{st}^u - F_{mt}^u - mF_{st}^u - mC_h^u/2q_t)\Bigg]Q_t^e\mathrm{e}^{-rt} - \\ &q_t(C_o^e - C_o^u)\mathrm{e}^{-rt} - I_s - I_m\end{aligned}$$

$$
\text{st.}\begin{cases}
Q_t^e(E_{mt}^e + mE_{st}^e) + (Q - Q_t^e)(E_{mt}^u + mE_{st}^u) \leqslant Y_t \\
\alpha_t \leqslant \dfrac{b[Z_t^u - Z_t^e - (F_{mt}^u + mF_{st}^u)Q_t^e]\sum\limits_{t=1}^{n} Q_t^e}{Q_t^e\left[\sum\limits_{t=1}^{n}(C_{mt}^e + mC_{st}^e - C_{mt}^u - mC_{st}^u)Q_t^e + I_m + I_s\right]} \\
P_{mt}^e(1-k) + U_t^e \leqslant P_{mt}^u + U_t^u \\
q_t(C_o^e - C_o^u) = \dfrac{m(C_h^e - C_h^u)Q_t^e}{2q_t} \\
Q_t^e \geqslant 0,\ P_{mt}^e \geqslant 0,\ \alpha_t \geqslant 0,\ q_t \geqslant 0
\end{cases} \tag{5-18}
$$

其中环保产品初始产销量 Q_t^e，环保产品价格 P_{mt}^e，政府补贴系数 α_t，供应商管理库存模式下供应商的订货次数 q_t 为决策变量。

由于本书中假设环保产品产量按固定的增长率增长并逐渐替代非环保产品，将式（5-18）中的年产量 Q_t^e 和 n 年的总产量 $\sum\limits_{t=1}^{n} Q_t^e$ 均用第一年的产量加以替代，即 $Q_t^e = (1+g)^{t-1}Q_1^e$，$\sum\limits_{t=1}^{n} Q_t^e = Q_1^e[(1+g)^n - 1]/g$，同时将补贴用式（5-14）表示，则式（5-18）表示的最优化模型可变为式（5-19）：

$$
\begin{aligned}
\text{Max}\Delta NPV = \sum_{t=1}^{N} \Bigg[\Bigg(& P_{mt}^e - C_{mt}^e - W_{mt}^e - mC_{st}^e - mW_{st}^e - \frac{mC_h^e}{2q_t} + \\
& \alpha_t \frac{\sum\limits_{t=1}^{n}(C_{mt}^e + mC_{st}^e - C_{mt}^u - mC_{st}^u)(1+g)^{t-1}Q_1^e + I_m + I_s}{Q_1^e[(1+g)^n - 1]/g} \Bigg) - \\
& \left(P_{mt}^u - C_{mt}^u - mC_{st}^u - W_{mt}^u - mW_{st}^u - F_{mt}^u - mF_{st}^u - \frac{mC_h^u}{2q_t}\right) \Bigg] \\
& (1+g)^{t-1}Q_1^e e^{-rt} - q_t(C_o^e - C_o^u)e^{-rt} - I_s - I_m
\end{aligned}
$$

$$
\text{st.}\begin{cases}
Q(E_{mt}^{u}+mE_{st}^{u})-(1+g)^{t-1}Q_{1}^{e}(E_{mt}^{u}+mE_{st}^{u}-E_{mt}^{e}-mE_{st}^{e})\leqslant Y_{t}\\
\alpha_{t}\leqslant\dfrac{b[Z_{t}^{u}-Z_{t}^{e}-(F_{mt}^{u}+mF_{st}^{u})(1+g)^{t-1}Q_{1}^{e}][(1+g)^{n}-1]}{(1+g)^{t-1}g\left[\sum\limits_{t=1}^{n}(C_{mt}^{e}+mC_{st}^{e}-C_{mt}^{u}-mC_{st}^{u})(1+g)^{t-1}Q_{1}^{e}+I_{m}+I_{s}\right]}\\
P_{mt}^{e}(1-k)+U_{t}^{e}\leqslant P_{mt}^{u}+U_{t}^{u}\\
q_{t}(C_{o}^{e}-C_{o}^{u})=\dfrac{m(C_{h}^{e}-C_{h}^{u})(1+g_{t})^{t-1}Q_{1}^{e}}{2q_{t}}\\
Q_{1}^{e}\geqslant 0,\ P_{mt}^{e}\geqslant 0,\ \alpha_{t}\geqslant 0,\ q_{t}\geqslant 0
\end{cases}
\tag{5-19}
$$

其中第一年的环保产品初始产销量 Q_1^e，环保产品价格 P_{mt}^e ，政府补贴系数 α_t ，供应商管理库存模式下供应商的订货次数 q_t 为决策变量。

在该最优化模型中，目标函数是供应链进行环保投资后供应链系统增量利润净现值最大化，目标函数是线性函数，求解的是决策变量在约束条件下的局部最优解。所以该最优化模型要解决的问题是供应链如何在约束条件下确定最优的年产销量、产品价格、政府如何确定最佳的补贴系数、供应链如何确定订货策略以实现供应链系统收益最大化。

5.2.3　模型求解

对于式（5-19）所示的最优化模型，决策变量非负且约束条件为不等式，可运用库恩—塔克条件（Kuhn-Tucker Condition）来进行求解和分析，寻求最优解。运用库恩—塔克条件对最优化问题进行分析的基本思路是通过分析优化问题与库恩—塔克条件间的关系确定决策变量的最佳取值。

首先可构建式（5-19）所示最优化问题的拉格朗日函数如式（5-20）所示：

$$
L=\sum_{t=1}^{N}[P_{mt}^{e}-C_{mt}^{e}-W_{mt}^{e}-mC_{st}^{e}-mW_{st}^{e}-mC_{h}^{e}/2q_{t}+
$$

$$
\alpha_{t}\frac{\sum\limits_{t=1}^{n}[C_{mt}^{e}+mC_{st}^{e}-(C_{mt}^{u}+mC_{st}^{u})](1+g)^{t-1}Q_{1}^{e}+I_{m}+I_{s}}{Q_{1}^{e}[(1+g)^{n}-1]/g}-
$$

$$(P^u_{mt} - C^u_{mt} - mC^u_{st} - W^u_{mt} - mW^u_{st} - F^u_{mt} - mF^u_{st} - mC^u_h/2q_t)](1+g)^{t-1}Q^e_1 \mathrm{e}^{-rt} - q_t(C^e_o - C^u_o)\mathrm{e}^{-rt} - I_s - I_m + \lambda_{1t}[Y_t - Q(E^u_{mt} + mE^u_{st}) + (1+g)^{t-1}Q^e_1(E^u_{mt} + mE^u_{st} - E^e_{mt} - mE^e_{st})] + \lambda_{2t}\{b[Z^u_t - Z^e_t - (F^u_{mt} + mF^u_{st})(1+g)^{t-1}Q^e_1][(1+g)^n - 1] - \alpha_t g(1+g)^{t-1}[\sum_{t=1}^{n}(C^e_{mt} + mC^e_{st} - C^u_{mt} - mC^u_{st})(1+g)^{t-1}Q^e_1 + I_m + I_s]\} + \lambda_{3t}[P^u_{mt} + U^u_t - P^e_{mt}(1-k) - U^e_t] + \lambda_{4t}[m(C^e_h - C^u_h)(1+g)^{t-1} Q^e_1/2q_t - q_t(C^e_o - C^u_o)] \tag{5-20}$$

其中，λ_{ji}，$j=1,\ 2,\ 3,\ 4$；$i=1,\ 2,\ \cdots,\ N$ 是拉格朗日（Lagrange）乘子，其经济学含义是约束条件变动一个单位时，对原有目标函数的边际的影响值，类似于影子价格的概念。

然后，运用库恩—塔克定理对上述拉格朗日函数求导并构建方程组：

$$\begin{cases} \partial L/\partial Q^e_1 = 0,\quad Q^e_1 > 0 \\ \partial L/\partial \alpha_t = 0,\quad \alpha_t > 0 \\ \partial L/\partial P^e_{mt} = 0,\quad P^e_{mt} > 0 \\ \partial L/\partial q_t = 0,\quad q_\mathrm{t} > 0 \\ \lambda_{jt}(\partial L/\partial \lambda_{jt}) = 0,\ \lambda_{jt} \geqslant 0\quad (j=1,\ 2,\ 3,\ 4;\ t=1,\ 2,\ \cdots,\ N) \end{cases} \tag{5-21}$$

式（5-21）为该最优化问题的库恩—塔克（Kuhn-Tucker）条件，其中 $\partial L/\partial Q^e_1 = 0$，$\partial L/\partial \alpha_t = 0$，$\partial L/\partial P^e_{mt} = 0$，$\partial L/\partial q_t = 0$ 为最优化的必要条件；$\lambda_{ji}(\partial L/\partial \lambda_{ji}) = 0$（$j=1,\ 2,\ 3,\ 4$；$i=1,\ 2,\ \cdots,\ N$）为最优化的互补条件，即若 $\lambda_{ji} > 0$，则 $\partial L/\partial \lambda_{ji} = 0$，或若 $\lambda_{ji} = 0$，则 $\partial L/\partial \lambda_{ji} > 0$。将上述式（5-21）展开，得到互补条件的具体表达式如式（5-22）所示：

$$\partial L/\partial Q^e_1 = \sum_{t=1}^{N}[(P^e_{mt} - C^e_{mt} - W^e_{mt} - mC^e_{st} - mW^e_{st} - mC^e_h/2q_t) - (P^u_{mt} - C^u_{mt} - mC^u_{st} - W^u_{mt} - mW^u_{st} - F^u_{mt} - mF^u_{st} - mC^u_h/2q_t)](1+g)^{t-1}e^{-rt} + \sum_{t=1}^{n}\alpha_t \frac{(1+g)t^{-1}\mathrm{e}^{-rt}\sum_{t=1}^{n}[C^\mathrm{e}_{mt} + mC^\mathrm{e}_{st} - (C^u_{mt} + mC^u_{st})](1+g)^{t-1}}{[(1+g)^n - 1]/g} + \lambda_{1t}(1+g)^{t-1}(E^u_{mt} + mE^u_{st} - E^e_{mt} - mE^e_{st}) - \lambda_{2t}$$

$$[b(F^u_{mt} + mF^u_{st})(1+g)^{t-1}[(1+g)^n - 1] + \alpha_t g(1+g)^{t-1}\sum_{t=1}^{n}(C^e_{mt} + mC^e_{st} - C^u_{mt} - mC^u_{st})(1+g)^{t-1}] +$$

$$\lambda_{4t}\frac{m(C^e_h - C^u_h)(1+g)^{t-1}Q^e_1}{2q_t} = 0 \quad (5\text{-}22.1)$$

$$\partial L/\partial \alpha_t = \frac{1}{(1+g)^n - 1}e^{-rt} - \lambda_{2t} = 0 \quad (5\text{-}22.2)$$

$$\partial L/\partial P^e_{mt} = (1+g)^{t-1}Q^e_1 e^{-rt} - \lambda_{3t}(1-k) = 0 \quad (5\text{-}22.3)$$

$$\partial L/\partial q_t = \left[\frac{m(C^e_h - C^u_h)Q^e_1(1+g)^{t-1}}{2q_t^2} - (C^e_o - C^u_o)\right]e^{-rt} - \lambda_{4t}\left[\frac{mQ^e_1(1+g)^{t-1}(C^e_h - C^u_h)}{2q_t^2} + (C^e_o - C^u_o)\right] = 0 \quad (5\text{-}22.4)$$

$$\lambda_{1t}(\partial L/\partial \lambda_{1t}) = \lambda_{1t}[Y_t - Q(E^u_{mt} + mE^u_{st}) + (1+g)^{t-1}Q^e_1(E^u_{mt} + mE^u_{st} - E^e_{mt} - mE^e_{st})] = 0 \quad (5\text{-}22.5)$$

$$\lambda_{2t}(\partial L/\partial \lambda_{2t}) = \lambda_{2t}\{b[Z^u_t - Z^e_t - (F^u_{mt} + mF^u_{st})(1+g)^{t-1}Q^e_1][(1+g)^n - 1] - \alpha_t g(1+g)^{t-1}[\sum_{t=1}^{n}(C^e_{mt} + mC^e_{st} - C^u_{mt} - mC^u_{st})(1+g)^{t-1}Q^e_1 + I_m + I_s]\} = 0 \quad (5\text{-}22.6)$$

$$\lambda_{3t}(\partial L/\partial \lambda_{3t}) = \lambda_{3t}[P^u_{mt} + U^u_t - P^e_{mt}(1-k) - U^e_t] = 0 \quad (5\text{-}22.7)$$

$$\lambda_{4t}(\partial L/\partial \lambda_{4t}) = \lambda_{4t}\left[\frac{m(C^e_h - C^u_h)(1+g)^{t-1}Q^e_1}{2q_t} - q_t(C^e_o - C^u_o)\right] = 0 \quad (5\text{-}22.8)$$

5.2.4 模型分析

通过上述最优化模型的解析，本部分将就环保产品的定价决策、产销量决策、政府补贴决策和供应商库存决策进行分析。

1. 环保产品定价决策

λ_{3t} 的经济学含义是，与购买并使用非环保品产相比，消费者购买并使用单位环保产品的边际成本增加，引致的供应链增量利润净现值的增加，$\lambda_{3t}>0$ 或者 $\lambda_{3t}=0$。而在相关参变量取值一定的情况下，消费者购买并使用环保产品的总成本主要受到供应链定价决策影响，λ_{3t} 的经济学含义可以引申为环保产品的边际价格增加所带来的供应链增量利润净现值的变化。

当 $\lambda_{3t}>0$ 时，对消费者来说，相较于非环保产品，购买并使用环保产品的价格会增加但是总成本依旧小于购买并使用非环保产品，提高环保产品的售价尚在消费者可接受范围内，增加价格尚不至于影响销量进而影响利润。当 $\lambda_{3t}=0$ 时，说明在支付了相比非环保产品更高的价格后，消费者所支付的总成本与购买并使用非环保产品相比并没有降低，理性的消费者不会购买环保产品，定价的提高带来销量的下滑，提高定价不会提升供应链利润。

经过上述分析可知，定价被消费者接受的范围是 $\lambda_{3t}>0$ 时的定价。当 $\lambda_{3t}>0$ 时，由式（5-22.7）所示库恩—塔克条件的互补条件可知：

$$P_{mt}^{u} + U_{t}^{u} - P_{mt}^{e}(1 - k) - U_{t}^{e} = 0 \tag{5-23}$$

由式（5-23）求得消费者可接受的环保产品的最高定价 P_{mt}^{e*} 为：

$$P_{mt}^{e*} = \frac{P_{mt}^{u} + U_{t}^{u} - U_{t}^{e}}{1 - k} \tag{5-24}$$

式（5-24）表征的是可被消费者接受的最高定价，意思是如果超出了这一定价，虽然价格增加，但是由于可能会带来销量的大幅下滑，进而导致企业收益减少，定价过高并不能为企业带来更多的收益。式（5-24）所示价格是理论上企业的最高定价，但在实务中，企业为了获得竞争优势，可以依据对具体消费者类型的分析，针对不同细分市场，采取差别化的定价策略。

分析式（5-24）可知，企业的环保产品定价决策主要受到消费者环保品质敏感度以及环保产品使用成本的影响。环保产品的使用成本越低、消费者的环保品质敏感度越高，企业则越可以对环保产品制定相对越高的价格。同时，由最优化的互补条件式（5-22.3）可知，当 $\lambda_{3t} > 0$ 时，

$$\lambda_{3t} = \frac{(1 + g)^{t-1} Q_{1}^{e} \mathrm{e}^{-rt}}{1 - k} \tag{5-25}$$

如果消费者的环保产品敏感度 k 非常高，接近于 1，或者环保产品的使用成本与非环保产品相比非常低，此时消费者在购买环保产品时，单位价格的增加所带来的消费者总成本的增加近似为 0，对环保品质不敏感的消费者也有可能会选择购买环保产品，所以为促进环保产品的大规模市场化，有两种有效的手段，一是提升消费者环保品质敏感度，二是降低环保产品的使用成本。消费者的环保品质敏感度受多重因素影响，诸如消费者收入水平、受教育程度等，但其中最重要的是决定消费者购买力的收入水平，所以采取措施发展经济、增加消费者可支配收入同时增强对高收入群体环保品质敏感度的引导是增加消费者环保品质敏感度的有效途径。而环保产品的使用成本大小一方面与产品本身性能相关，这需要生产企业加强研发、有效降低其使用成本，另一方面与使用环保产品相关的基础设施完善程度相关，这需要企业和地方政府共同努力以完善基础设施，降低使用成本。当 $\lambda_{3t} = 0$ 时，由最优化的互补条件（式（5-22.7））可知，市场约束松弛，即 $P_{mt}^{e}(1-k) + U^{e} < P_{mt}^{u} + U^{u}$，消费者购买并使用环保产品的总成本小于非环保产品，消费者行为约束松弛。

2. 环保产品产销量决策

λ_{1t} 的经济学含义是，环境容量的边际增量所带来的供应链增量利润净现值的增加。由于存在环境容量限制，企业不能无限扩大生产，这是由于超出排放限值后，若企业继续排放则需支付大量成本，且该成本远远大于企业获利。而且，本书要研究的问题是供应链系统在满足环境容量约束下的决策问题，所以 $\lambda_{1t} = 0$ 环境容量松弛的情况在本书中不予考虑。当 $\lambda_{1t} > 0$ 时，企业扩大产量并没有超过环境容量约束且仍能够带来正的现金流量，根据式(5-22.4)所示的最优化的互补条件可知，

$$Y_t - Q(E_{mt}^{u} + mE_{st}^{u}) + (1+g)^{t-1}Q_1^{e}(E_{mt}^{u} + mE_{st}^{u} - E_{mt}^{e} - mE_{st}^{e}) = 0 \tag{5-26}$$

由式（5-26）可得，为使供应链收益最大化，供应链的最佳初始年产品销量 Q_1^{e*} 为：

$$Q_1^{e*} = \frac{Q(E_{mt}^{u} + mE_{st}^{u}) - Y_t}{(1+g)^{t-1}(E_{mt}^{u} + mE_{st}^{u} - E_{mt}^{e} - mE_{st}^{e})} \quad (t=1) \tag{5-27}$$

分析式（5-27）可知，供应链每年的最优产销量决策主要受到环境容量

约束的影响。要使供应链的排放不超过作为环境容量约束替代的政府规定的排放限值，可采取的措施有两种，一是控制产量，二是增大环保投入以提高减排的效果，体现在式（5-27）中就是使生产环保产品的单位排放 E_{mt}^{e} 和 E_{st}^{e} 降低。而 E_{mt}^{e} 和 E_{st}^{e} 的取值取决于企业前期的环保投入力度，在本书中，由于预先假设了供应商和制造商的初始环保投资为 I_m 和 I_s，所以 E_{mt}^{e} 和 E_{st}^{e} 的取值为参变量。

式（5-27）中分子表示在只生产非环保产品的情况下，为达到政府排污许可，应减少的污染物排放量。分母表示生产单位环保产品可降低的污染物排放量。由于 $Q_t^e=(1+g)^{t-1}Q_1^e$，则企业进行环保投资后，制造商第 t 年的最优产量 Q_t^{e*} 如式（5-28）所示：

$$Q_t^{e*}=(1+g)^{t-1}Q_1^{e*} \tag{5-28}$$

当 $\lambda_{1t}=0$ 时，$Q_t^e(E_{mt}^e+mE_{st}^e)+(Q-Q_t^e)(E_{mt}^u+mE_{st}^u)<Y$，环境容量约束松弛，企业生产行为对环境造成的污染被限制在政府规定的排污限制内，该结论的得出基于政府不会对容量限值进行动态调整，但在实务操作中，区域环境容量在一定时期内是相对稳定的，而随着经济的发展，区域内企业数量（企业个数或企业总产量）不断增加，相对而言，每个企业分配到的排放限额就不断变小，企业必须持续进行环保投资以降低生产排放。

3. 政府补贴决策

λ_{2t} 的经济学含义是政府单位环保产品增量成本补贴率的增加所带来的供应链增量收益净现值的增加。政府对供应链企业进行补贴的目的是在环境成本内部化的初期弥补企业利润的下降，$\lambda_{2t}>0$ 时，说明对政府来说，支付补贴对企业环保投资具有积极地引导作用，政府对供应链环境成本内部化进行补贴具有经济性。当 $\lambda_{2t}=0$ 时，说明对政府来说，支付补贴的效用为零，在该情况下，政府继续给予企业补贴已不具有经济性。当 $\lambda_{2t}>0$ 时，补贴具有经济性，则由式（5-22.6）的互补条件可知，当 $\lambda_{2t}>0$ 时，最优的补贴系数 α_t^* 为：

$$\alpha_t^*=\frac{b[Z_t^u-Z_t^e-(F_{mt}^u+mF_{st}^u)Q_1^e(1+g)^{t-1}][(1+g)^n-1]}{(1+g)^{t-1}g\left[\sum\limits_{t=1}^{n}(C_{mt}^e+mC_{st}^e-C_{mt}^u-mC_{st}^u)(1+g)^{t-1}Q_1^e+I_m+I_s\right]} \tag{5-29}$$

式（5-29）表示补贴尚具有经济性时，即 $\lambda_{2t}>0$ 时政府制定的最佳补贴系数。随着环保产品利润的逐渐增加，供应链上的企业逐渐具有了进行环保投资的积极性。单位政府补贴所带来的环境治理支出的节约额越来越小，政府补贴的经济效用下降，政府可考虑逐渐减少对环保产品的补贴，直到供应链净现值达到与未实施环境成本内部化之前持平时，即 $\Delta NPV=0$ 时，政府补贴可退出。此时，$\lambda_{2t}=0$。

通过式（5-22.2）可计算出 λ_{2t} 的表达式如式（5-30）所示，在 $t\leqslant n$ 的期间内，随着环保产品投资项目运行期间的增加，λ_{2t} 逐渐减少，说明政府补贴对增加供应链收益的作用逐渐减小，到 $t=n$ 时，政府不再提供补贴。

$$\lambda_{2t}=\frac{\mathrm{e}^{-rt}}{(1+g)^{n}-1} \tag{5-30}$$

4. 供应链库存决策

λ_{4t} 的经济学含义是订货批次的增加引致的库存总成本的降低所带来的供应链增量收益净现值的增加，$\lambda_{4t}>0$ 时，说明在供应商管理库存（VMI）模式下，增加订货批次会导致库存总成本的降低，进而增加供应链的收益，增加订货批次具有经济性；$\lambda_{4t}=0$ 时，增加订货批次并不会带来库存总成本的降低，对于增加供应链系统净现值的作用为零。根据上述分析可知，当 $\lambda_{4t}>0$ 时，调整订货批次具有经济性，根据式（5-22.8）所示互补条件，可计算确定最佳订货批次如式（5-31）所示：

$$q_t=\sqrt{\frac{m(C_h^e-C_h^u)(1+g)^{t-1}Q_1^e}{2(C_o^e-C_o^u)}} \tag{5-31}$$

综上所述，为使供应链的收益达到最大化，在同时满足环境容量、政府及消费者约束条件的情况下，供应链企业的最佳产量、价格、政府的单位产品补贴系数以及订货批次分别为：

$$Q_1^{e*}=\frac{Q(E_{mt}^u+mE_{st}^u)-Y}{(1+g)^{t-1}(E_{mt}^u+mE_{st}^u-E_{mt}^e-mE_{st}^e)}\quad (t=1) \tag{5-32.1}$$

$$P_{mt}^{e*}=\frac{P_{mt}^u+U_t^u-U_t^e}{1-k} \tag{5-32.2}$$

$$\alpha_t^* = \frac{b[Z_t^u - Z_t^e - (F_{mt}^u + mF_{st}^u)Q_1^e(1+g)^{t-1}][(1+g)^n - 1]}{(1+g)^{t-1}g\left[\sum_{t=1}^{n}(C_{mt}^e + mC_{st}^e - C_{mt}^u - mC_{st}^u)(1+g)^{t-1}Q_1^e + I_m + I_s\right]} \tag{5-32.3}$$

$$q_t = \sqrt{\frac{m(C_h^e - C_h^u)(1+g)^{t-1}Q_1^e}{2(C_o^e - C_o^u)}} \tag{5-32.4}$$

分析式（5-32.1）可知，企业初始产销量决策受到政府监管政策的制约，要想提高环保产品的产销量，就必须降低生产单位环保产品所排放的污染物，所以初始环保投资必须投入及时到位；从（5-32.2）可知，企业定价决策受到消费者环保敏感度的影响，企业在决策投产环保产品前应进行细致的市场调研，对消费者的消费行为进行研究，明晰其可接受的价格范围；从(5-32.3)可以看出，政府决定补贴系数的主要标准是企业进行环保投资对于降低政府环境治理支出的效果，政府节约的环境治理支出越大，补贴力度越大；从（5-32.4）可知，在VMI模式下，供应商依据EOQ模型可简单确定最佳订货批次。

5.3 案例分析

汽车的燃油排放和消耗是造成环境恶化和能源枯竭问题的重要原因之一，2010年全球约有8.5亿辆汽车，这些汽车消耗了全球约55%的原油产量，排放了全球二氧化碳排放量的15%。以中国为例，据估计，2020年，汽车燃油消耗达到2.5亿吨[175]。而发展新能源汽车是解决汽车燃油消耗及排放的有效途径之一。传统汽车生产企业及其供应链上的配套企业通过投入资金，研发及生产新能源汽车，新能源汽车进入消费领域后，将大幅度减少燃油消耗及二氧化碳排放，从而降低了对环境的负面影响，汽车生产供应链上的企业通过增加投资承担了一部分外部环境成本，促使了环境成本的内部化。

为鼓励新能源汽车的发展，我国政府也先后出台财政政策对新能源汽车产业的发展予以支持。2010年财政部出台《私人购买新能源汽车试点，财政补助金管理暂行办法》[177]中规定对于私人直接购买新能源汽车的，中央财政对汽车生产企业给予补贴，汽车生产企业应该按照扣除政府补贴后的价格将新能源汽车销售给私人用户，地方政府需安排专门资金，重点支持充电站等配套基础设施的建设及电池回购等。

基于前述理论分析，本章将运用算例阐释本章所构建的最优化模型的应用并检验其适用性和有效性。算例中所运用的数据大部分来自一家汽车制造商。该企业主要生产传统汽车，在环保投资之后，逐渐生产新能源汽车以替代传统汽车。该算例中新能源汽车是指以电驱动模式为主，以电池储能全部或部分替代内燃机为汽车提供动力，本算例中车型为商用车。文中所用数据根据实际数据进行了同比例调整。

5.3.1 参数取值

该汽车制造商的年均市场需求量估计为 $Q=8000$。假定新能源汽车以年均 $g=0.1$的增长率逐渐替代传统汽车直至完全替代，即所生产汽车全为新能源汽车。供应链进行环保投资之前，因所生产传统车型非环保且生产过程中对环境造成一定损害，所以对制造商和供应商分别征收罚款，所征收的数额分别为 $F_{mt}^{u}=60000$ 元/辆和 $F_{st}^{u}=40000$ 元/单位。政府结合当地区域环境容量以及供应链上各企业生产能力，供应链分配到的排污总额为 $Y=25000$/年。

供应链进行环保投资前，未承担的环境治理支出由政府承担，约等于 $Z^{u}=30$ 亿元/年（由于该数据难以取得，所以该数据为估算，并且为了说明事后环境治理支出的庞大数额，在此取一较大的数据）；供应链进行环保投资之后，虽然企业承担了环境成本而且环境改善，但政府仍然需要承担部分环境成本，不过该数值已大为减小，约等于 $Z^{e}=6$ 亿元/年（同样该数据也为估计，为了说明源头治污的效果，取一与 Z^{u} 相比较小的数据）。消费者的环保品质敏感度为 $k=0.1$。制造商生产一辆汽车要耗费供应商 2 单位的原材料，即 $m=2$（汽车行业供应链以整车企业为核心企业，其涉及的供应商众多，如轮胎、发动机、钢材、油漆等，整条供应链能对环境产生污染的环节也较多，在这里为简化分析，将成本均分为两部分）。

假设企业进行环保投资后，政府拿出节约的环境治理净支出中的 10%用于对企业进行补贴和激励，即 $b=0.1$。为生产新能源汽车，制造商和供应商的初始投资分别为 $I_{m}=40$ 亿元和 $I_{s}=35$ 亿元。假设风险调整贴现率 $r=10\%$。环保投资前，制造商和供应商生产单位非环保产品的排污量分别为 $E_{mt}^{u}=2$ 和 $E_{st}^{u}=1$;环保投资后，制造商和供应商生产单位环保产品的排污量分别降低为

$E_{mt}^{e}=1$ 和 $E_{st}^{e}=0.5$。其他相关参数取值见表5-1，表中所示数据均为年均数据。

表5-1　新能源汽车项目基本参数取值表　单位：千元

参数	$t=1$	$t=2$	$t=3$	$t=4$	$t=5$	$t=6$	$t=7$	$t=8$	$t=9$	$t=10$
P_{mt}^{u}	1100	1100	1100	1100	1100	1100	1100	1100	1100	1100
P_{st}^{u}	300	300	300	300	300	300	300	300	300	300
C_{mt}^{u}	300	300	300	300	300	300	300	300	300	300
C_{st}^{u}	200	200	200	200	200	200	200	200	200	200
C_{mt}^{e}	350	350	350	350	350	350	350	350	350	350
C_{st}^{e}	250	250	250	250	250	250	250	250	250	250
W_{mt}^{u}	30	30	30	30	30	30	30	30	30	30
W_{st}^{u}	30	30	30	30	30	30	30	30	30	30
W_{mt}^{e}	10	10	10	10	10	10	10	10	10	10
W_{st}^{e}	10	10	10	10	10	10	10	10	10	10
U_{t}^{u}	60	60	60	60	60	60	60	60	60	60
U_{t}^{e}	50	50	50	50	50	50	50	50	50	50
C_{h}^{e}	1.5	1.5	1.5	1.5	1.5	1.5	1.5	1.5	1.5	1.5
C_{h}^{u}	1	1	1	1	1	1	1	1	1	1
C_{o}^{e}	10	10	10	10	10	10	10	10	10	10
C_{o}^{u}	8	8	8	8	8	8	8	8	8	8

5.3.2　数据分析

根据式（5-19）所构建最优化模型，并运用Excel中的Solver工具，可对上述最优化模型求解并得到结果见表5-2。

表5-2　供应链环保投资决策计算结果表

参数	$t=1$	$t=2$	$t=3$	$t=4$	$t=5$	$t=6$	$t=7$	$t=8$	$t=9$	$t=10$
Q_{t}^{e*}	3500	3850	4235	4658.5	5124.35	5636.79	6200.46	6820.51	7502.56	8000
α_t	0.20	0.18	0.16	0.14	0.12	0.11	0.09	0.08	0	0
B_{mt}（万元）	5.66	5.03	4.47	3.95	3.49	3.06	2.67	2.32	0	0

续表 5-2

参数	$t=1$	$t=2$	$t=3$	$t=4$	$t=5$	$t=6$	$t=7$	$t=8$	$t=9$	$t=10$
P_{mt}^{e}（万元）	123.33	123.33	123.33	123.33	123.33	123.33	123.33	123.33	123.33	123.33
ΔNPV（百万元）	-6738.15	-5931.92	-5077.23	-4169.42	-3203.62	-2174.35	-1075.81	98.38	1218.13	2400.24
q_t^e	30	31	33	34	36	38	39	41	43	45

从表 5-2 可以看出，在第 8 年，供应链的增量净现值变为正（$n=8$），与未进行环保投资之前相比，供应链系统实现盈亏平衡。在环境可持续约束条件制约下，制造商第一年的最佳产销量为 3500 辆，即 $Q_1^{e*}=3500$，最佳的定价策略是 $P_m^{e*}=123$ 万元/辆。而政府的补贴率从开始的 $\alpha_1^*=0.20$ 逐渐减少，到第 8 年时，增量利润净现值 ΔNPV 开始大于零，从第九年开始，政府不再提供补贴，这时供应链仍能够实现盈亏平衡，$\Delta NPV=12.18$ 亿元。供应商的订货批次从 30 次/年逐渐变为 45 次/年，随着环保产品产销量的逐渐增加，对环保产品原材料（中间产品）的需求量也越来越多订货周期从 12 天/次逐渐缩短为 8 天/次。

5.3.3 环境可持续约束条件的阶段性演进

从表 5-2 所示计算结果可以看出，可以将供应链环保投资项目分为两个阶段，划分的标准是 $\Delta NPV=0$ 的时间点（$n=8$）。将 $t\leqslant 8(\Delta NPV\leqslant 0)$ 的时期称为初始阶段，将 $t>8(\Delta NPV>0)$ 的时期称为稳定发展阶段。环境可持续约束条件中的各条件的状态演化见表 5-3。

表 5-3 环境可持续约束条件状态演化表

	$t=1$	$t=2$	$t=3$	$t=4$	$t=5$	$t=6$	$t=7$	$t=8$	$t=9$	$t=10$
环境容量约束	+	-	-	-	-	-	-	-	-	-
政府约束	+	+	+	+	+	+	+	+	-	-
市场约束	+	+	+	+	+	+	+	+	+	+
库存约束	+	+	+	+	+	+	+	+	+	+

注：“+”表示约束为有效约束；“-”表示约束松弛。

1. 环境容量约束

从计算结果可以看出，在整个生命周期内，若政府不对环境容量约束进行动态调整，环境容量约束仅在第一年是有效约束，该约束条件约束作用相对较小。这主要是因为在本书算例中，政府设定的排污上限并没有随着时间变化进行动态调整。但在实际中，由于区域环境容量在一定时期内相对稳定，但由于企业数量或者产品产量的不断增加，单位产品或者单个企业分配到的排放限额必然会不断减少，这就要求企业不断采取技术改造、产品创新等手段降低单位排放。

2. 政府环境政策约束的演变

通过公式（4-28）可以看出，随着经营期间的持续（t 变大），λ_{2t} 的值变小，意味着政府环境政策约束逐渐从约束变为松弛。如前所述，政府补贴的目的是为了在企业环保投资的初期弥补企业成本的增加以激励企业环保投资，当环保投资之后，供应链系统增量收益净现值大于零（即实现盈亏平衡，与未环保投资之前相比，获利更多）之后，政府不再提供补贴，政府不再提供补贴的时间点意味着供应链环境成本内部化初始阶段的结束。

3. 消费者购买行为约束的演变

在算例中，消费者购买行为约束始终为有效约束，这可以解释为只要环保产品购买成本和使用成本的总和不超过非环保产品，对环保品质敏感的个体消费者愿意支付高价来购买环保产品。基于此，供应链上的企业需在综合考量环保产品的使用成本并准确估计消费者环保品质敏感度的基础上对环保产品制定合理的价格，而对企业来说，可供选择的最高价格就是当 $P_{mt}^{u} + U_{t}^{u} - P_{mt}^{e}(1 - k) - U_{t}^{e} = 0$ 的价格，所以消费者购买行为约束始终为有效约束。值得注意的是，随着环保产品的大规模市场化推广以及消费者环保品质敏感度的提高，会出现环保产品使用成本和价格的总和小于非环保产品的情况，而且这也是理想的发展方向，所以，未来，消费者购买行为约束会变为实质上的无效约束，但是仍是企业定价的重要参考。

4. 库存约束的演化

库存约束的原理是在供应商管理库存（VMI）模式下，假设没有缺货成本，通过经济订货批量（EOQ）的原理，令订货成本等于库存持有成本，计算确定最佳订货批次及订货批量以使得库存总成本最优，因此，库存约束始终为有效约束。

在实际中，供应链进行环保投资后，环境质量得到改善、供应链系统收益也逐渐增加，政府、供应链上的企业和消费者的环境价值诉求会发生相应的改变，这就导致利益相关者间的博弈继起，新的博弈的结果导致新的博弈均衡，新的博弈均衡意味着各利益相关者提出了新的价值诉求，这就为供应链进行决策提出了新的约束，在新的约束条件下，供应链进行新一轮的优化。在上述博弈—优化—博弈继起—新的优化不断重复的过程中，利益相关者的环境价值诉求得到满足，供应链环境绩效和经济绩效不断得到改善，经济发展与环境保护间的关系得到改善。

本章小结

通过构建供应链环保投资决策模型并对其进行分析可知，在进行环保投资的初期，环境容量、市场和政府三个约束条件均为有效约束。约束条件下，企业的最佳产销量是满足环境容量约束的产销量，价格的制定必须综合考虑消费者对环保产品的敏感度以及环保产品的使用成本两个因素，而政府的补贴随着环保产品产销量的增加将逐渐减少。随着环保产品逐渐替代非环保产品，环境容量约束松弛，意味着环保投资的减排效果开始显现；随着环保投资项目的运行，当达到增量利润净现值为零的盈亏平衡点时，政府约束逐渐松弛，意味着政府不再提供补贴；随着环保产品使用条件的不断成熟，消费者购买行为约束也会松弛，但是针对不同类型的消费者，企业仍应将消费者购买行为约束作为决策的重要依据。该模型为供应链环保投资过程中不同阶段的产销量及价格决策提供了决策依据。同时，对于政府补贴政策的制定具有借鉴和参考价值。

6 基于租金贡献分析的供应链协同环保投资收益分配

供应链协同（Supply Chain Collaboration，SCC）是环境成本内部化持续稳定实施的必要条件，而协同的一个重要问题是如何在成员企业间进行收益分配（成本分摊）以实现成员企业个体利益满意化与供应链整体利益最大化的统一。第5章分析的是约束条件下的供应链系统收益最大化的决策问题，而本章所要分析的则是如何设计一种适宜的收益分配方案以使成员企业价值满意化与系统收益最大化相协调的问题。本章所要解决的问题包含以下几个方面：

（1）成员企业的环保投资行为会如何影响供应链价值传导过程？

（2）供应链协同环保投资收益分配的标准如何确定？

（3）如何实现个体收益满意化与供应链系统收益最大化的相统一？

对上述问题的深入理解有助于设计更为合理的收益分配方案，以促进成员企业间的协同，推动供应链环境成本内部化的有效实施。

6.1 供应链协同收益分配的租金贡献法基本原理

6.1.1 租金的含义

租金最基本的内涵是指具有有限供给特点的资源所产生的超平均收益（Schoemaker，1990）[178]。企业经济租金（Economic rent of enterprise）是指企业所创造的总收益在支付了所有成员的参与约束条件（Participation Constraint）后的剩余，即企业总收益减去各要素参与企业的机会成本收益的总和（罗珉和夏文俊，2011）[179]。在企业经营过程中，典型的经济租金形式有三种：第一种是“李嘉图租金”，来源于资源稀缺性；第二种是“张伯伦租金”，来源于高进入壁垒的垄断租金；第三种是“熊彼特租金”，来源于不确定性很高的复杂环境中承担风险的创新活动（李志能等，2001）[180]。

借鉴杜世海、丁慧平（2006）[181]的观点，本书中租金是指“资源优势企业所获得的超过行业平均水平的利润”，如式（6-1）所示。其中，M 表示资源优势企业获得的长期租金，P^* 表示单位产品市场价格，AC 表示资源优势企业的单位产品平均生产成本，Q 表示该企业向市场提供的产品或服务数量。

$$M=(P^*-AC)Q \tag{6-1}$$

本书只考虑已售出产品的价值分析，引用租金的定义并将其延伸到供应链视角，将供应链的租金定义为资源优势供应链所获得的超过行业平均水平的利润。供应链的租金是供应链上所有成员企业创造的租金的集聚体现。

6.1.2 租金贡献的含义

根据式（6-1），考虑由 i（$i=1, 2, \cdots, n$）个企业所组成的供应链系统，在供应链中，由于同一供应链环节的企业间（提供同类原材料的供应商）存在竞争关系，企业通过与其处于同一供应链环节上的其他企业竞争获得供应链成员企业资格，其利润 R_i 可表示如下：

$$R_i=(P_i-VC_i-P_{i-1})Q_i-FC_i \tag{6-2}$$

其中，VC_i 表示成员企业自身所发生的变动成本；P_{i-1} 表示上游企业向企业 i 所提供原材料（中间产品）的交易价格；P_i 表示企业 i 向下游企业 $i+1$（或消费者）所提供中间产品或终端产品的（交易）价格；FC_i 表示成员企业的固定成本。考虑到企业实施环境成本内部化的投资，相应的环保投入成本包含在 VC_i 和 FC_i 之中。

由于供应商之间存在竞争关系，假设要与供应链核心企业 i 建立合作关系，供应商 $i-1$ 所提供的中间产品的交易价格 P_{i-1} 需低于市场价格 P_{i-1}^*，即 $P_{i-1}<P_{i-1}^*$，这意味着下游成员企业的利润中包含了上游企业以低于市场价格的交易价格方式让渡的一部分价值 $(P_{i-1}^*-P_{i-1})Q_{i-1}$，我们将上游企业 $i-1$ 让渡的这部分价值称为租金贡献[182]，用 ΔM_{i-1} 表示。

类似地，当企业 i 为面向消费者的供应链终端企业时，向消费者提供产品的价格 P_i 则可能大于、等于或者小于市场价格 P_i^*，当 $P_i<P_i^*$ 时，企业 i 向消费者让渡了一部分价值 $(P_i^*-P_i)Q_i$，同样称为租金贡献，用 ΔM_i 表示，如若 $(P_i^*-P_i)Q_i$ 为负则表明企业 i 从消费者处索取了一部分租金。简单来

说，租金贡献是指在供应链合作关系中，成员企业以调整交易价格的形式所让渡的一部分价值，其目的是为了增强供应链的整体竞争力。

从式（6-2）可以看出，成员企业的利润中包含了上游企业让渡给该成员企业的租金贡献（$P_{i-1}^* - P_{i-1}$），但未包含该成员企业让渡给下游企业（或消费者）的租金贡献（$P_i^* - P_i$），所以在计算成员企业的租金时需根据租金贡献进行调整。

通过上述分析可知，成员企业租金 M_i、成员企业利润 R_i、成员企业转移到下游企业的租金贡献 ΔM_i 与上游企业转移到成员企业的租金贡献 ΔM_{i-1} 间的关系与区别可表示如下：

$$M_i = (P_i^* - VC_i - P_{i-1})Q_i - FC_i - \Delta M_{i-1} = R_i - \Delta M_{i-1} + \Delta M_i$$
$$(i=1 \text{ 时}, \Delta M_0 = 0) \tag{6-3}$$

即成员企业租金等于成员企业利润-上游企业转移到该企业的租金贡献+本企业转移到下游企业的租金贡献。但如若成员企业 i 在向下游企业（或消费者）传递产品的过程中交易价格等于市场价格（$P_i = P_i^*$），则 $\Delta M_i = 0$，说明该企业没有向下游企业（或消费者）让渡租金贡献，在计算租金时无需考虑其租金贡献的调整。上式中成员企业的租金是指在利润的基础上根据租金贡献进行调整，体现成员企业对供应链的实际贡献。整个供应链的租金为成员企业租金的加总，由式（6-3）可得：

$$M_{sc} = \sum_{i=1}^{n} M_i = \sum_{i=1}^{n} R_i + \Delta M_n = R_{sc} + \Delta M_n \tag{6-4}$$

对传统供应链而言，当终端企业向消费者提供产品的价格等于市场价格时，$\Delta M_n = 0$，供应链租金等于利润，即 $M_{sc} = R_{sc}$。供应链环境成本内部化的过程是各成员企业投入环保资源，形成供应链聚合资源，并通过环境友好的生产运营方式减少或者消除对环境影响的过程。成员企业协同所形成的供应链聚合资源对于降低企业行为对环境的影响、提高供应链环境成本内部化的效果和竞争优势具有重要的贡献作用，并产生协同收益。

6.1.3 租金贡献模型简介

运用租金贡献模型对协同供应链收益进行分配的基本思路是，依据各成员企业的租金占供应链租金总额的比例来确定其收益分配比例，谋求供应链系统收益最大化与个体成员企业收益分配满意相统一。各成员企业的收益分配比率如下所示：

$$\beta_i = M_i / M_{sc} \tag{6-5}$$

考虑到环保投资会引起供应链利润的变化，用 ΔR 表示，各成员企业的收益应是在原利润 R_i 基础上加上按比例 β_i 分配到的供应链系统增量收益份额，成员企业 i 的收益分配 $R_i^{e'}$ 可表示如下：

$$R_i^{e'} = R_i + \beta_i \Delta R \tag{6-6}$$

式（6-2）~式(6-6）展示了运用租金贡献方法对供应链协同收益进行分配的一般方法。供应链协同收益在成员企业间的分配多通过协调交易价格的方式进行，各成员企业收益分配比例确定后可在原利润基础上加上按比例分配到的增量收益推导出符合供应链系统收益最大化与成员企业个体收益满意化相统一时的最优交易价格。考虑供应链环境成本内部化下的收益分配问题，还需考虑环保初始投资成本、政府补贴等诸多具体因素，将在下文具体介绍。

6.2 租金贡献法与 Shapley 值法的比较

6.2.1 Shapley 值法简介及评价

Shapley 值法最早由美国著名数学家和经济学家，2012 年诺贝尔经济学奖获得者罗伊德·夏普利（Lloyd Shapley）在 1953 年提出，是解决 n 人合作收益分配问题的一种常用方法[183]，运用 Shapley 值法进行收益分配时每个参与人获得的利益等于参与人对其所有联盟的边际贡献的平均值。

在 n 人组成的联盟中，联盟成员 i 的 Shapley 值的计算过程如下[183]：

$$\varphi(v) = (\varphi_1(v),\ \varphi_2(v),\ \cdots,\ \varphi_n(v))$$

$$\varphi_i(v) = \sum_{\{S | i \in S\}} w(|S|)[v(S) - v(S/i)],\ i = 1,\ 2,\ \cdots,\ n \tag{6-7}$$

$$w(|S|) = \frac{(n - |S|)!\ (|S| - 1)!}{n!}$$

其中，$|S|$ 表示成员 i 所参与的不同联盟的联盟成员个数；$w(|S|)$ 是权重系数，表示在 n 人合作中，成员 i 仅属于联盟 S 的概率；$v(S)$ 为联盟 S 的收益；$v(S/i)$ 为联盟 S 去除成员 i 后的收益；$v(S) - v(S/i)$ 表示成员 i 的边际贡献，指的是成员 i 加入联盟 S 前后联盟的收益变化；$\varphi(v)$ 表示联盟成员 i 的 Shapley 值，是成员 i 对联盟 S 的贡献 $v(S) - v(S/i)$ 的加权平均。

从上述对 Shapley 值法的基本描述可以看出，Shapley 值由权重系数和边际贡献两部分组成，这两部分共同反映了联盟中每个成员的重要程度（徐秋爽等，2013）[184]。其中，Shapley 值权重系数 $w(|S|)$ 最重要的特点在于参与人之间的平等性，即每个参与人在考虑其边际贡献前，重要程度是一样的。举例来说即，若两人组建合伙企业，若成功，无论两人贡献大小，其对于组建该两人合伙企业来说，重要性程度是一样的[184]。许多学者从不同角度对该问题进行了阐述，如董保民（2007）[185]从平等排序的角度解释了 Shapley 值法权重系数的平等性；Dixit 等人（2009）[186]则从联盟内外平均加权的角度阐述了 Shapley 值法权重系数的平等性。所以，在 Shapley 值法中联盟成员的重要程度只能从边际贡献来体现，而联盟成员边际贡献的计算标准是收益（利润），有许多贡献是不能通过利润来进行衡量的，因此边际贡献并不足以全面体现联盟成员的重要性程度。上述两点是运用 Shapely 值法进行联盟收益分配的主要缺点。尽管 Shapley 值法存在一些缺点，但是由于合作博弈中并不存在统一的解，Shapley 值法因其能满足收益分配的基本需求且计算方便使其成为收益分配中应用比较广泛的一种。

6.2.2　租金贡献法与 Shapley 值法的比较

比较而言，租金贡献方法与 Shapley 值法基本原理相同，都是在联盟合作的基础上考虑联盟成员的边际贡献，然而与 Shapley 值法相比，租金贡献方法主要有以下四个优点：

首先，Shapley 值法只注重反映收益分配的整体比例关系，不能展示由于实施环境成本内部化引起的价值流转在供应链上的传导过程，而租金贡献法则是基于供应链成员企业间价值传导关系确定成员企业对供应链协同的贡献度。

其次，Shapley 值法假设合作各方重要性程度相同，然而事实却并非如此，为了克服该缺陷，有些研究引入修正系数来修正 Shapley 值，然而修正系数多采用定性的方法来确定，其合理性有待商榷，运用租金贡献法基于成员企业租金在供应链系统租金中所占的比例确定收益分配的比例，可以避免权重确定中的主观性。

再次，在供应链实施环境成本内部化的过程中，政府作为主要利益相关者之一，对供应链上企业的行为抉择有重要影响，若应用 Shapley 值法来对成员企业所组成的供应链联盟进行思考，则不能有效体现政府规制—激励政策所起的作用，运用租金贡献法可将政府补贴在成员企业间的传导体现出来。

最后，Shapley 值法中计算联盟成员边际贡献的标准是收益（利润），而租金贡献法计算的依据是企业实际创造的租金，租金概念的内涵不光局限于利润，还能反映成员企业对于供应链竞争优势的贡献而未在租金中体现出来的部分。

如前述分析，运用 Shapley 值法进行收益分配具有一系列的缺点，然而，作为一种比较成熟的收益分配方法，仍应用比较广泛。租金贡献法可以算是 Shapley 值法的一种改进方法，其进行收益分配的基本思路也是考虑成员企业对供应链的边际贡献，但是边际贡献的确定是根据租金贡献分析，克服了 Shapley 值法单纯依靠利润确定边际贡献的缺点。

6.3 供应链协同环保投资收益分配的租金贡献模型

供应链的环保投资会引起其成本、收益发生变化，由此引致的供应链上价值传导的改变也会影响其他成员企业的成本、收益而相应地发生变化，个体成员企业的环保投资行为必须得到其他成员企业的协同配合以使环保投资行为在供应链范畴内可持续。在供应链企业协同进行环保投资决策的情况下，我们探讨如何实现供应链系统收益最优与个体成员企业收益满意的统一。为此，首先考虑对供应链成员进行环保投资情况下的价值传导过程及租金贡献构成进行分析。

6.3.1 模型假设

本部分假设依然沿袭三方动态博弈模型及投资决策模型部分的所用假设，为了分析环保投资引致的供应链价值传导过程的变化以及如何利用租金贡献模型分配协同收益，特作出如下假设。

（1）供应链由生产单一产品的制造商和供应商组成，制造商为供应链主导企业并直接向消费者销售产品，在供应链之外存在相互竞争的其他供应商，只有以低于市场价格的交易价格向制造商提供中间产品（原材料）的供应商才能获得成员企业资格。

（2）假设经过投资决策模型的优化，供应链环保产品产销量、环保产品价格、订货次数以及政府补贴系数均为使集成供应链系统收益达到最佳状态的值。

（3）相关参变量定义如下：

M_s^e，M_m^e =供应链企业进行协同环保投资后，供应商和制造商的租金

ΔM_s^e，ΔM_m^e =供应链企业进行协同环保投资后，供应商和制造商的租金贡献

β_m^e，β_s^e =供应链企业进行协同环保投资后，运用租金贡献法确定的制造商和供应商协同收益分配比例

$R_{st}^{e'}$，$R_{mt}^{e'}$ =满足约束条件前提下，供应链系统收益最大化与个体成员企业收益均满意的供应商和制造商利润，即收益分配后的结果

ΔR =供应链企业进行协同环保投资后的供应链系统增量利润

P_{st}^e =供应商向制造商所提供环保产品原材料的市场价格

$P_{st}^{e'}$ =供应链收益最大化与成员企业收益满意相统一时的交易价格

B_{mt} =供应链生产单位环保产品所获得政府补贴

α =政府对单位环保产品的补贴系数

ΔC_m =与非环保产品相比，供应链生产单位环保产品的增量成本

本书假设政府补贴的基本思路是以单位环保产品较之单位非环保产品的成本增量为基础核算确定一定的补贴率来进行补贴的，政府的补贴直接给予制造商，制造商和供应商间通过协商确定收益分配方式的形式实现政府补贴在制造商和供应商间的再分配。

6.3.2　供应链成员企业间的价值传导关系及租金贡献分析

供应链进行环保投资后，集成供应链的增量利润净现值，即协同收益为：

$$\Delta NPV = \sum_{t=1}^{N}\begin{bmatrix}(P_{mt}^e + B_{mt} - C_{mt}^e - W_{mt}^e - mC_{st}^e - mW_{st}^e - mC_h^e/2q_t)Q_t^e - \\ (P_{mt}^u - C_{mt}^u - mC_{st}^u - W_{mt}^u - mW_{st}^u - F_{mt}^u - mF_{st}^u - mC_h^u/2q_t)Q_t^e - \\ q_t(C_o^e - C_o^u)\end{bmatrix}e^{-rt} - I_s - I_m \tag{6-8}$$

其中，$B_{mt} = \alpha_t \Delta C_{mt} = \alpha_t \dfrac{\sum_{t=1}^{n}[C_{mt}^e - C_{mt}^u + m(C_{st}^e - C_{st}^u)]Q_t^e + I_m + I_s}{\sum_{t=1}^{n} Q_t^e}$

$$\Delta C_{mt}=\frac{\sum_{t=1}^{n}\left[C_{mt}^{e}-C_{mt}^{u}+m(C_{st}^{e}-C_{st}^{u})\right]Q_{t}^{e}+I_{m}+I_{s}}{\sum_{t=1}^{n}Q_{t}^{e}}$$

$t=n$ 时，$\Delta NPV=0$。分析式（6-8）可知，在非环保产品售价、成本均较稳定的情况下，协同增量收益主要与环保产品的价格、成本及初始投资等相关因素相关，而不受非环保产品的影响。这主要是由于在供应链进行环保投资之前，就生产非环保产品，成员企业间已经形成了较为稳定的合作关系，而供应链进行环保投资而导致的价值传导的变化会使供应链协作关系发生变化，因此，增量收益主要受到与环保产品相关的量的影响。

进行环保投资后，供应商和制造商间的价值传导关系包含两方面内容：一是供应商通过让渡一部分利润的方式以低于市场价格的交易价格向制造商提供中间产品（原材料）；二是政府将补贴给予制造商，制造商和供应商通过协商确定收益分配机制的方式实现政府补贴在供应链上的传导。就环保型中间产品（原材料）而言，其市场价格的确定是在非环保型中间产品（原材料）市场价格的基础上加上因环保投资所产生的成本增量。制造商的租金实际上包含三方面的内容，一是制造商自身创造的利润；二是供应商通过提供低于市场价格的原材料而让渡的租金贡献；三是制造商作为终端企业可能让渡给消费者的租金贡献。环保投资，供应商的租金贡献 ΔM_{st}^{e} 表示如下：

$$\Delta M_{st}^{e}=m(P_{st}^{e*}-P_{st}^{e})Q_{t}^{e} \tag{6-9}$$

与非环保产品不同，制造商向消费者销售环保产品的过程中有可能会让渡一部分租金，这部分租金贡献体现为制造商因生产环保产品而带来的增量成本中未被补偿的差额部分。制造商的增量成本通过两种途径得到补偿：一是环保产品高于非环保的价差（$P_{m}^{*}=P_{m}^{u}$）；二是政府对于其增量成本的部分补贴。当制造商的增量成本大于环保与非环保产品的价差和政府补贴两者之和时，表明制造商的增量成本中存在有未被补偿的差额部分，此时制造商向消费者让渡了租金贡献，否则，制造商的租金贡献为负值，即制造商从政府和消费者处获得了租金贡献。制造商进行环保投资下的租金贡献 ΔM_{mt}^{e} 可表示如下：

$$\Delta M_{mt}^{e}=(1-\alpha_{t})\Delta C_{mt}Q_{t}^{e}-(P_{mt}^{e}-P_{mt}^{u})Q_{t}^{e} \tag{6-10}$$

前述已分析，供应链环境成本内部化的实现离不开政府的有效监管和激励，在政府对供应链企业行为实施监管的条件下，对生产非环保产品的行为征收高额罚款，并要求企业偿还其因污染排放所造成的对环境的负债，同时对供应链企业投资环保的成本予以激励性补贴（补贴数额按照企业成本增量的一定比例核定），以此引导企业积极环保投资。根据前述公式（6-3）对成员企业租金、租金贡献和利润间关系的描述，供应链环保投资后，制造商、供应商和供应链的租金 M_{mt}^{e}、M_{st}^{e}、M_{sct}^{e} 分别为：

$$M_{mt}^{e} = R_{mt}^{e} - \Delta M_{st}^{e} + \Delta M_{mt}^{e} \tag{6-11.1}$$

$$\begin{aligned} M_{st}^{e} &= R_{st}^{e} + \Delta M_{st}^{e} \\ &= m\left(P_{st}^{e*} - C_{st}^{e} - W_{st}^{e} - I_{s}\Big/\sum_{t=1}^{n} mQ_{t}^{e}\right) Q_{t}^{e} + m(P_{st}^{u} - C_{st}^{u} - W_{st}^{u} - F_{st}^{u})(Q - Q_{t}^{e}) \end{aligned} \tag{6-11.2}$$

$$M_{sct}^{e} = M_{mt}^{e} + M_{st}^{e} = R_{mt}^{e} + R_{st}^{e} + \Delta M_{mt}^{e} = R_{t}^{e} + \Delta M_{mt}^{e} \tag{6-11.3}$$

由式（6-4）可知，通常当供应链终端企业让渡利润给消费者时，供应链实际创造的租金总额会大于供应链的利润。然而，分析式（6-10）可知，在环境成本内部化情况下，供应链上的企业因投资环保而增加成本，环保产品的价格不会低于非环保产品的市场价格，而当环保产品售价在市场上尚不具备竞争性时，租金贡献 ΔM_{mt}^{e} 可能会小于零，这意味着供应链的租金会低于供应链的利润；只有当政府对供应链投资环保的成本予以激励性补贴，并且补贴数额足以使环保产品售价在市场上具备竞争性时，租金贡献 ΔM_{mt}^{e} 才可能为非负，可见政府对成员企业投资环保成本的补贴具有重要的激励作用。

6.3.3 基于租金贡献分析的供应链协同环保投资收益分配

作为理性人的供应链成员企业具有一般企业追求经济效益最大化的目标，企业成员间为更为有效地改善供应链环境绩效结成联盟，在联盟关系中，每个成员企业的收益要求必须得到满足，成员企业间既合作又博弈。研究表明（Ding et al.，2011）[123]，供应链的协同合作必须满足三个基本条件：首先，集成供应链系统收益最优；其次，个体收益最优；最后，供应链成员对协同结果满意。魏修建（2005）[121]指出，供应链成员企业间形成协同关系的关键在于能够获得超额利润，即使不能获得超额利润，也不能低于成员企业所处行业的平均利润，否则，形不成协同关系。

下面将就如何运用租金贡献模型进行协同收益分配以实现供应链成员企业个体收益满意与集成供应链系统收益最优的过程进行分析。各成员企业收益的分配比例可按照式（6-5）所示的比例确定，则供应商和制造商的年收益分配比例分别为：

$$\beta^e_{st} = M^e_{st}/M^e_{sct} \tag{6-12.1}$$

$$\beta^e_{mt} = M^e_{mt}/M^e_{sct} = 1 - \beta^e_{st} \tag{6-12.2}$$

第5章投资决策分析已然表明，在环境规制政策引导下，供应链能实现 $\Delta R > 0$，将 ΔR 在制造商和供应商之间进行分配后，若能够满足 $R^{e'}_{mt} > R^u_{mt}$ 且 $R^{e'}_{st} > R^u_{st}$ 则收益分配方案能够被制造商和供应商所接受。按照前述租金贡献法原理应用于供应链协同收益分配，协同进行环保投资之后，制造商和供应商各自收益满意与供应链系统收益最优相统一时的年利润 $R^{e'}_{mt}$ 和 $R^{e'}_{st}$ 分别为：

$$R^{e'}_{mt} = R^u_{mt} + \beta^e_{mt}\Delta R_t \tag{6-13.1}$$

$$R^{e'}_{st} = R^u_{st} + \beta^e_{st}\Delta R_t \tag{6-13.2}$$

从式（6-13）可以看出，$R^{e'}_{mt} > R^u_{mt}$ 且 $R^{e'}_{st} > R^u_{st}$，通过租金贡献方法确定收益分配比例，实现对供应链协同收益的再分配的方式能够实现供应链系统收益最大化情况下，成员企业对收益的满意。租金贡献方法作为一种协调供应链整体收益与成员企业个体收益间关系的收益分配方式是可行的。

6.3.4 算例分析

进行环保投资后，假设供应商对其所提供单位环保中间产品（原材料）的利润要求与非环保的一样，则按照 $P^e_s = P^u_s + (C^e_s - C^u_s) + I_s/m\sum_{t=1}^{n} Q^e_t$ 的方式，可以计算确定供应商进行环保投资后中间产品（原材料）的市场价格为 P^{e*}_{st} =38.1 万元，本章所用其他数据与第5章算例分析数据相同，在此不再赘述。在本章算例分析中用到了第5章投资决策模型优化的计算结果，见表6-1。

表 6-1 收益分配模型的基础数据表

参数	$t=1$	$t=2$	$t=3$	$t=4$	$t=5$	$t=6$	$t=7$	$t=8$	$t=9$	$t=10$
Q_t^{e*}	3500	3850	4235	4658. 5	5124. 35	5636. 79	6200. 46	6820. 51	7502. 56	8000
α_t	0. 20	0. 18	0. 16	0. 14	0. 12	0. 11	0. 09	0. 08	0	0
B_{mt}（万）	5. 66	5. 03	4. 47	3. 95	3. 49	3. 06	2. 67	2. 32	0	0
P_{mt}^e（万）	123. 33	123. 33	123. 33	123. 33	123. 33	123. 33	123. 33	123. 33	123. 33	123. 33
ΔNPV（百万）	-6738. 15	-5931. 92	-5077. 23	-4169. 42	-3203. 62	-2174. 35	-1075. 81	98. 38	1218. 13	2400. 24
q_t^e	30	31	33	34	36	38	39	41	43	45

1. 基于租金贡献法的协同收益分配

根据表 6-1 所示相关参数的取值，按照上述模型给出的收益分配框架，首先计算出环保投资前后制造商、供应商、集成供应链总收益及增量收益，表 6-2 的计算结果说明，供应链成员企业协同进行环保投资能带来利润的增加（$\Delta R > 0$）。但是对于成员企业的收益影响的情况尚不能确定，供应链成员企业参与供应链的目的是为了获得超额利润，即使不能获得超额利润，也要获得高于行业平均水平的利润，若成员企业参与到供应链协同后收益反而下降，则成员企业缺乏进行协同的积极性[121]，因此，为了保证供应链成员企业协同关系的稳定，就必须将收益在成员企业间进行合理分配，成员企业对分配结果满意是供应链协同关系稳定的保障，也是供应链环境成本内部化得以持续有效实施的保障。

供应链企业协同进行环保投资带来的增量收益就是待分配收益，运用租金贡献法分析环境成本内部化对供应链价值传导关系变化的影响，进而明晰各成员企业所创造的租金贡献、租金的目的就是将这部分收益在成员企业间进行合理分配，使成员企业均对分配结果满意。

表 6-2 供应链环保投资收益计算表 单位：百万元

	制造商利润	供应商利润	供应链利润	供应链净现值
环境成本内部化前	$R_m^u=8800$	$R_s^u=6394.84$	$R^u=15194.84$	$NPV^u=14387.39$
环境成本内部化后			$R^e=18202.66$	$NPV^e=16787.63$
增量指标			$\Delta R=3007.82$	$\Delta NPV=2400.24$

从表 6-2 所示的计算结果可知，由于供应链对环保产品产量、售价及订货次数，政府对补贴率均进行了科学合理的决策，供应链进行环保投资之后，集成供应链的利润总额及净现值均大于环境成本内部化之前。上述计算结果说明，供应链进行环保投资之后，供应链整体收益实现约束条件下的最优，但是要使合作关系持续还必须使成员企业对合作关系满意。因此，有必要对成员企业的收益进行调整，使个体收益满意化和集体收益最大化同时得到满足。

运用租金贡献法进行收益分配的基本步骤已在上文进行了介绍，接下来需要按照式（6-11）~式(6-13）所示的计算方式计算出供应链进行环保投资后各企业的租金贡献、实际租金及其在供应链租金中所占的比例（即收益分配率)，结果见表 6-3。

表 6-3 租金贡献法计算的收益分配率表

参数	$t=1$	$t=2$	$t=3$	$t=4$	$t=5$	$t=6$	$t=7$	$t=8$	$t=9$	$t=10$
R_{mt}^u	880	880	880	880	880	880	880	880	880	880
R_{st}^u	639.49	639.49	639.49	639.49	639.49	639.49	639.49	639.49	639.49	639.49
R_t^e	1539.04	1592.00	1650.16	1714.34	1784.83	1862.37	1947.66	2041.48	1994.71	2075.95
ΔR_t	19.58	72.54	130.80	194.88	265.37	342.91	428.20	522.02	475.25	556.49
ΔM_{mt}	387.53	449.77	520.59	601.07	692.45	778.89	894.61	1004.87	1288.46	1373.89
M_{st}^e	734.27	743.69	754.06	765.47	778.02	791.82	807.00	823.70	842.07	855.47
M_{sct}^e	2314.13	2393.10	2482.30	2583.01	2696.65	2807.56	2950.20	3090.58	3256.26	3371.41
β_{mt}	0.68	0.69	0.70	0.70	0.71	0.72	0.73	0.73	0.74	0.75
β_{st}	0.32	0.31	0.30	0.30	0.29	0.28	0.27	0.27	0.26	0.25
$R_{mt}^{e'}$	893.31	930.05	971.56	1016.42	1068.41	1126.90	1192.59	1261.07	1231.69	1297.37
$R_{st}^{e'}$	645.76	661.98	678.73	697.95	716.45	735.50	755.10	780.44	763.06	778.61

依据表 6-3 所示的每年的计算结果可以计算确定协同后的 $t=10$ 年内的总收益见表 6-4。对比表中所示制造商、供应商各年利润及集成供应链系统的利润，可知，$\Delta R > 0$ 且 $R_m^{e'} > R_m^u$ ，$R_s^{e'} > R_s^u$ 。基于第 5 章所构建最优化决策模型计算确定的系统收益已经实现了约束条件下的最优，个体收益均大于未进行环保投资前的收益，成员企业对收益分配结果满意，前述供应链协同的三个条件得到了满足，基于租金贡献的分配方式可行。

表 6-4 供应链环境成本内部化协同收益分配表 单位：百万元

项　　目	供应链环保投资前	利用租金贡献模型将收益再分配
制造商利润	$R_m^u = 8800$	$R_m^{e'} = 10989.22$
供应商利润	$R_s^u = 6394.84$	$R_s^{e'} = 7213.44$
供应链利润	$R^e = 15194.84$	$R^{e'} = 18202.66$
供应链利润净现值	14387.39	16787.63

2. 与 Shapley 值法的比较

本书中所假设供应链为供应商—制造商组成的二级供应链，可以看作两人合作问题，运用 Shapley 值法对其协同实施环境成本内部化的收益进行分配，分配的基本步骤如式（6-14）所示。

联盟 I 中的各个伙伴所得利益分配的 Shapley 值 $\varphi_i(v)$ 为：

$$\varphi(v) = (\varphi_1(v), \varphi_2(v), \cdots, \varphi_n(v))$$

$$\varphi_i(v) = \sum_{\{S|i \in S\}} w(|S|)[v(S) - v(S/i)],\ i = 1, 2, \cdots, n \tag{6-14}$$

$$w(|S|) = \frac{(n - |S|)!\ (|S| - 1)!}{n!}$$

其中，

$|S|$ 表示 i 所参与的不同联盟的联盟成员个数；

$w(|S|)$ 是权重系数，表示在 n 人合作中，成员 i 仅属于联盟 S 的概率；

$v(S) - v(S/i)$ 表示成员 i 的边际贡献，指的是成员 i 加入联盟 S 前后联盟的利润变化；

$\varphi(v)$ 表示联盟成员 i 的 Shapley 值，是成员 i 对联盟 S 的贡献 $v(S)$ −

$v(S/i)$ 的加权平均。

本研究基于制造商和供应商协同进行环保投资能提高供应链环境绩效的视角展开，企业协同情况下可避免重复投资、降低相关成本、提高供应链竞争力，本书对供应链协同所带来的产品质量提高、售后服务完善等隐性成本不进行考量，仅分析由于供应链协同带来的供应商与制造商成本的降低。中间产品（原材料）的市场售价为 38 万元（按照 $P_s^e = P_s^u + (C_s^e - C_s^u) + I_s/m\sum_{t=1}^{n} Q_t^e$ 的方式计算确定）。基于上述基本分析步骤，计算制造商和供应商的 Shapley 值：

$v(S)$ 为联盟 S 的利润，则 v(制造商)、v(供应商)、v(供应商 ∪ 制造商) 分别表示制造商单独进行环保投资、供应商单独进行环保投资、供应商和制造商协同进行环保投资时所获得利润，计算过程及结果如下：

$$v(\text{制造商}) = \sum_{t=1}^{N} [(P_{mt}^e + B_{mt} - mP_{st}^{e*} - C_{mt}^e - W_{mt}^e) Q_t^e + (P_{mt}^u - mP_{st}^u - C_{mt}^u - W_{mt}^u - F_{mt}^u)(Q - Q_t^e)] - I_m$$

$=5203.06$ 百万元

$$v(\text{供应商}) = \sum_{t=1}^{N} \begin{bmatrix} m(P_{st}^{e*} - C_{st}^e - W_{st}^e - C_h^e/2q_t) Q_t^e + \\ m(P_{st}^u - C_{st}^u - W_{st}^u - F_{st}^u - C_h^u/2q_t)(Q - Q_t^e) \end{bmatrix} - q_t C_o^e - I_s$$

$=5171.13$ 百万

v(供应商 ∪ 制造商)

$$= \sum_{t=1}^{N} \begin{bmatrix} \left(P_{mt}^e + B_{mt} - C_{mt}^e - W_{mt}^e - mC_{st}^e - mW_{st}^e - \dfrac{mC_h^e}{2q_t} \right) Q_t^e - q_t C_o^e + \\ \left(P_{mt}^u - C_{mt}^u - mC_{st}^u - W_{mt}^u - mW_{st}^u - F_{mt}^u - mF_{st}^u - \dfrac{mC_h^u}{2q_t} \right) (Q - Q_t^e) \end{bmatrix} - I_s - I_m$$

$=18202.66$ 百万元

运用 Shapley 值法对供应商的收益分配结果进行计算，计算结果见表 6-5。

将表 6-5 的最后一行相加，得到供应商分配到的收益 = 2585.56+6499.80 = 9085.36 同理，可计算确定制造商分配到的利润见表 6-6。

表 6-5　运用 Shapley 值法计算供应商分配到的收益 单位：百万元

S	供应商	供应商∪制造商
$v(S)$	5171.13	18202.66
$v(S/i)$	0	5203.06
$v(S)-v(S/i)$	5171.13	12999.60
$\|S\|$	1	2
$w(\|S\|)$	1/2	1/2
$w(\|S\|)[v(S)-v(S/i)]$	2585.56	6499.80

将表 6-6 的最后一行相加，得到制造商分配到的收益 = 2601.53 + 6515.77 = 9117.30。

表 6-6　运用 Shapley 值法计算制造商分配到的收益 单位：百万元

S	制造商	制造商∪供应商
$v(S)$	5203.06	18202.66
$v(S/i)$	0	5171.13
$v(S)-v(S/i)$	5203.06	13031.53
$\|S\|$	1	2
$w(\|S\|)$	1/2	1/2
$w(\|S\|)[v(S)-v(S/i)]$	2601.53	6515.77

分析表 6-5 和表 6-6 可知，在只有两个参与者的情况下，Shapley 值法计算出的两个参与者的权重系数相同，这体现了 Shapley 值法的一个重要缺陷，即假设合作各方重要性程度相同，这明显与实际不符，这体现了 Shpaley 值法隐藏的一个重要缺陷，即成员企业之间完全独立不存在协同关系式，与成员企业完全加入协同关系时的收益分配权重是一样的，该问题可通过对 Shapley 值法计算公式 $w(|S|)=\frac{(n-|S|)!\ (|S|-1)!}{n!}$ 的分析得到验证[183]：

在 n 人合作关系中，当 $|s|=1$，即只有一个参与人

$$w(1)=\frac{(n-|S|)!\ (|S|-1)!}{n!}=\frac{(n-1)!\ (1-1)!}{n!}=\frac{1}{n}$$

当 $|s|=n$ 时，即所有人全都参与合作

$$w(n)=\frac{(n-|S|)!\ (|S|-1)!}{n!}=\frac{(n-n)!\ (n-1)!}{n!}=\frac{1}{n}$$

上述分析说明，运用 Shapley 值法进行收益分配在计算权重时认为联盟中的每个人对联盟的贡献是平等的，则成员的重要性只能通过边际贡献来体现。但是边际贡献体现的又是与利润相关的贡献，能够带来利润变化的因素对利润分配造成影响，而无法转化为利润的因素则无法体现，所以在分配利润时，各参与人的地位是不同的。本书所提出的租金贡献分析方法基本思想与 Shapley 值法一致，也是从权重和边际贡献两个角度来进行分配，但是确定权重和边际贡献的依据均是成员企业所创造的租金，能够体现无法用利润现实的成员企业贡献，因此，在分配上更为合理。

本章小结

本章基于供应链竞争优势来源于企业资源的基本观点，运用租金贡献模型对供应链收益分配的传统方法加以改进提出基于租金贡献的收益分配模型。通过模型的分析及应用，探明供应链环境成本内部化在供应链系统内部的价值传导过程，并解析如何运用租金贡献模型分配待分配收益，从而实现供应链环境成本内部化协同后个体收益与整体收益最优的统一。通过运用租金贡献模型对供应链环境成本内部化成员企业间收益分配进行研究，一方面明晰了由于环境成本内部化而导致的供应链价值传导关系的变化过程，另一方面以各成员企业运用自身资源对供应链系统的贡献为依据确定了收益分配标准。为如何确定交易价格以实现协同供应链系统收益最优与成员企业个体收益满意相统一提供了思路框架。

7 环境规制政策效用及区域差异化

在促使环境成本内部化的过程中，政府应该承担引导和监督作用，政府环境规制政策是如何作用于企业引导并驱使企业进行环保投资的，这一问题亟待探究。本章从环境库兹涅茨曲线（EKC）演进的视角探析政府环境规制政策对企业环保投资的引导监督作用机理。考虑对不同经济、环境特征的差异，政府环境政策制定可能会有所区别，本章结合国务院颁布的《全国主体功能区规划》，将我国分为生态脆弱地区、经济欠发达地区和经济较发达地区。针对区域经济和环境差异，就环境规制对供应链企业环保投资决策的影响进行分析，明晰环境规制政策在区域经济与环境平衡发展中的作用机理。

7.1 基于 EKC 演进的环境规制政策效用分析

本部分基于经济发展与环境可持续动态平衡的视角，分析环境库兹涅茨曲线由不可逆型和传统型向理想型演进的过程机理，探析环境规制政策对引导和驱使企业进行环保投资、降低经济增长对环境带来的污染影响的作用效果。

7.1.1 环境库兹涅茨曲线分类

库兹涅茨曲线（Kuznets Curve）是俄裔美国经济学家、1971 年诺贝尔经济学奖获得者西蒙·史密斯·库兹涅茨（Simon Smith Kuznets，1901～1985）提出的，用来分析收入分配状况随经济发展过程变化的曲线。研究表明，收入分配不均衡的现象随着经济增长先升后降，因此库兹涅茨曲线又被称为倒 U 形曲线（Inverted U Curve）。1991 年美国经济学家吉恩·格罗斯曼（Gene M. Grossman）和艾伦·克鲁格（Alan B. Krueger）首次实证研究了环境质量和人均收入之间的关系，指出“污染”在低收入水平上随人均 GDP 增加而上升，高收入水平上随人均 GDP 增长而下降，后来潘纳约托（Panayotou）将这种环境质量与人均收入间的曲线关系命名为环境库兹涅茨曲线（Environmental

Kuznets Curve，EKC曲线）。格罗斯曼和克鲁格的研究表明，EKC拐点（指经济发展与环境污染间关系开始发生转变的点，即环境污染随着经济发展由逐渐增加开始转变到逐渐降低的点）的形成是规模效应、结构效应和技术效应综合作用的结果[187]：规模效应是指经济活动中的产出总量对环境的影响；技术效应是指经济活动中的技术进步对环境的影响；结构效应是指经济结构变化对环境系统产生的压力不同[188]。蒋萍和余厚强（2010）[189]通过引入代表污染影响效应的污染安全警戒线（指经济增长对环境造成一定影响，必须及时治理的污染排放极限值）和污染阈值线（指环境所能承受的最大污染值，污染一旦超过该值，无论如何治理都不能恢复）并按照EKC演进路径的不同，将EKC拐点分为理想型（指环境库兹涅茨曲线拐点位于安全警戒线的下方）、警戒型（指污染超过污染安全警戒线但未超过环境承受阈值）和不可逆型拐点（指环境污染超过环境承受的最大值即污染阈值线）。

借鉴蒋萍和余厚强（2010）[189]的研究，本书通过引入环境容量（只要将污染物控制在环境容量范围内，环境可自我修复）约束，将EKC划分为理想型、传统型和不可逆型三种类型（见图7-1）。在蒋萍和余厚强（2010）[189]所做的研究中，有安全警戒线和环境污染阈值两条分界线。本书将改善经济发展与环境污染间关系与环境规制政策的作用机理相结合，认为EKC分类的标准是环境容量，即环境可自我消减的污染物数量。三种类型的EKC分别对应着经济发展与环境污染间三种不同的演进趋势和三种不同的发展模式。不可逆型EKC表示经济发展对环境系统所带来的影响超过了环境容量，环境系统无法自我修复，而且在经济发展过程中缺乏有效地环保投入，随着经济的发展，环境将不断恶化，最终变得不可修复，代表了“竭泽而渔”式的毁灭型经济发展方式；传统型EKC表示经济发展对环境系统造成的影响超出环境可自我修复范围但尚在环境系统可修复范围内，该状态下若采取合理的治理措施，将经济发展平衡在环境自我修复可逆的范围之内，环境污染会降低，代表了传统的“资源消耗—产品生产—污染排放—污染治理—有限排放”型经济发展模式；理想型EKC表示经济发展所带来的环境污染始终维持在环境可自我修复范围内，代表了可持续的经济发展模式。该分类方法可作为政府对环境进行监管的参考。

从图7-1可以看出，理想型EKC与传统型和不可逆型EKC相比，主要有以下三个特点：首先，相同经济发展水平条件下，理想型EKC所代表的发展

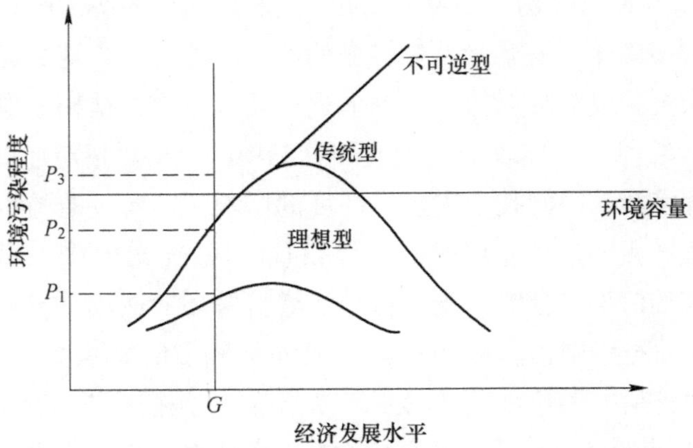

图 7-1 环境库兹涅茨曲线分类图

模式对环境系统的污染始终较小，如图所示，在相同经济发展水平 G 下，三种 EKC 所对应的环境污染水平分别为 $P_3>P_2>P_1$；其次，理想型 EKC 的斜率更为平缓，表示环境污染随着经济发展不会出现剧烈的增加；再次，理想型 EKC 的拐点要早于传统型 EKC。所以促使传统型和不可逆型 EKC 向理想型转变的关键是降低单位经济增长所带来的污染物排放，即经济增长对环境的影响较低。

促使 EKC 向理想型转变与供应链环境成本内部化的目标相吻合。前述分析提出供应链环境成本有三个层次的目标，微观目标是企业减排、中观目标是调整经济结构、宏观目标是促进可持续发展，针对 EKC 反映的经济发展与环境污染的关系，促进 EKC 由不可逆型和传统型向理想型转变的手段和目标分别对应着供应链环境成本内部化三个层次的目标。促使 EKC 转变的关键是降低污染排放，这对应着供应链环境成本内部化的第一个目标，即企业通过环保投资降低排放；企业通过技术改造等方式降低污染物排放，这会带来企业生产方式的调整，进而促进产业结构和经济结构的优化升级，对应着供应链环境成本内部化的中观目标，即调整结构；而 EKC 向理想型转变的过程表示经济发展方式由粗放型向可持续方式转变，对应着供应链环境成本内部化的宏观目标，即促进可持续发展。

7.1.2 企业环保投资促使 EKC 演进的作用分析

决定 EKC 走向的是曲线的斜率，即单位经济增长所带来的污染物排放强度的变化，用 $\Delta P/\Delta G$ 表示（其中 P 表示污染水平，G 表示经济发展水平，见图 7-2），如果 $\Delta P/\Delta G$ 较大则代表单位经济增长对环境造成的负面影响较大，经济发展方式为粗放式；$\Delta P/\Delta G$ 降低则代表经济增长对环境造成的负面影响降低。促使 EKC 向环境友好型演进意味着使 $\Delta P/\Delta G$ 维持在较低水平，即降低污染物排放强度、提高经济发展的环境效用。污染物排放强度取决于能源消费结构、非清洁能源消耗强度和污染治理技术，而这三种效用的发挥取决于环保投资水平。要促使传统型 EKC 向理想型转化，环保投资必须及时且达到一定规模。

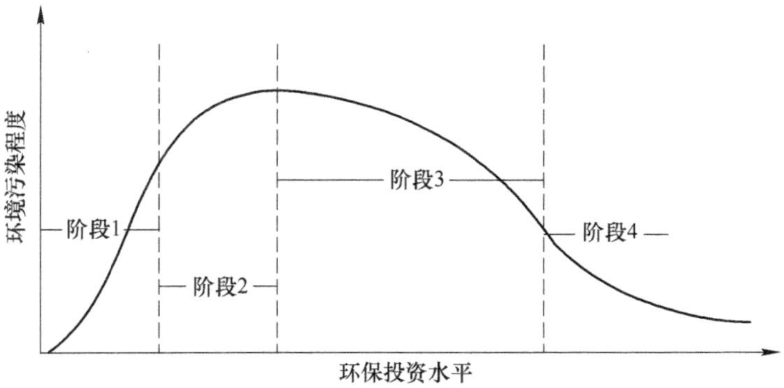

图 7-2　传统 EKC 模式下环保投资与环境污染间关系示意图

图 7-2 所示的环保投资与环境污染间的关系与图 7-1 中传统型 EKC 所描述的先污染后治理的发展模式相对应，促使 EKC 向理想型演进的关键因素是环保投入的力度和效果。在传统型 EKC 代表的发展模式下，经济发展水平较低的情况下，环境问题尚不是经济发展中的主要矛盾，且环境污染的累积量尚未对生活环境产生明显影响，所以该阶段环保投资水平普遍较低，环保投资的减排效果差，环境污染程度随着经济发展水平急剧增加，如图 7-2 中阶段 1 所示；随着经济的发展，当环境污染累积到足以引起人们警示的时候，环保投资力度开始增加，虽然环保投资的增加尚不足以消除经济发展初期对环境造成的累积影响，但环境污染能得到有效控制，不会再随着经济发展出现剧烈增长，如阶段 2 所示；当经济发展到一定的程度，环保投资持续增加，环保投资的边际减排效用明显，随着经济增长，环境污染程度反而下降，如阶段 3 所示；当环保投入成为企业的自发行为后，经济发展对环境造成的影响始终控制在较低水平，如阶段 4 所示。综上所述，环保投入能够促进经济发展质量的提升。

7.1.3 政府监管与企业环保投资及 EKC 演进间的逻辑关系分析

如前所述，促使 EKC 演进的关键途径是通过企业进行环保投资从源头上消减外部环境成本。然而环保投资对企业经济效益的影响比较复杂，往往是带来的社会效益和环境效益大于经济效益[190]，在没有外部监管的条件下，企业缺乏主动性，因此，政府进行监管是必要的。在我国环境容量总量管控模式下，对一定时间段内某一区域内排污单位所排放污染物实施总量控制，并向区域内的企业分配其排放额度。总量排放限值的确定需要政府在综合考量区域经济状况和环境容量条件的基础上经过缜密测算制定。在政府设定区域排污限制的情况下，不会允许环境污染程度随着经济增长出现大幅增长，即将经济增长对环境带来的负面影响始终控制在较小程度，这也就是说，某一时间段内，某区域环境容量一定。但是随着经济发展，企业总量（产值和个数）不断增加，每个企业分配到的排放限值会随之降低（见图 7-3），在理想状况下，为了将污染排放维持在环境容量范围内，企业必须增加环保投资以进一步减少排放。

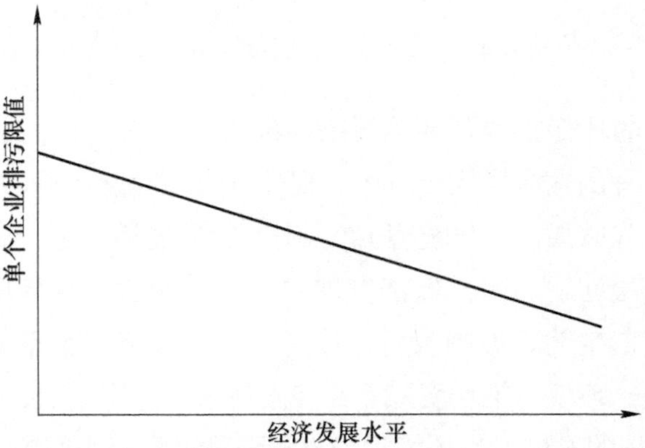

图 7-3 环境容量总量控制下经济发展水平与单个企业排放限值间的关系

由上述分析可知，政府监管是促使企业进行环保投资的有效途径。而上述分析也为政府环境政策的制定提供了思路。在实务操作中，政府可以以环境容量为依据制定区域总量控制限值，并分配到单个企业，总量控制限值与环境容量之间要留有一定的安全边际（见图 7-4），即不允许企业污染超过环境容量允许的范围。与环境政策相适应，政府还需出台严厉的惩罚措施。在政府制定严格的总量控制指标并出台严厉惩罚措施情况下，若企业环境违规成本大于其投资治理环境的成本，企业会选择进行环保投资来承担环境治理成本，经济发展对环境的影响会显著降低，不可逆型和传统型EKC均向理想型EKC演进或转变，如图中虚线所示。这与“波特假说❶”理论相吻合，即政府合理有效的环境规制不仅能够降低乃至抵消企业因受规制而需支付的“遵循环境规制成本”，而且能够激发企业的“创新补偿效应”，从而提高企业的劳动生产率和国际竞争力[191]。

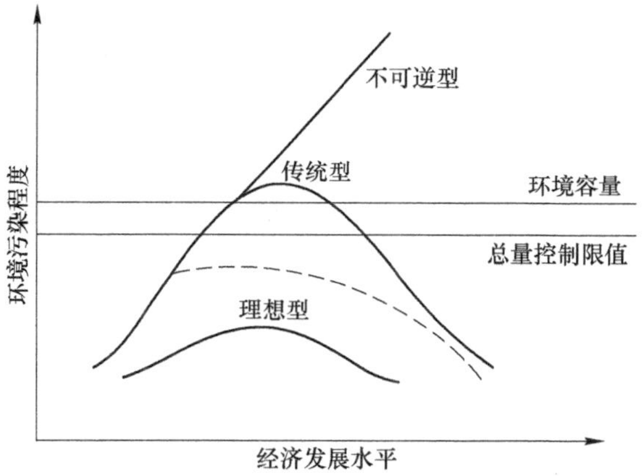

图7-4 政府环境政策促进环境库兹涅茨曲线演进作用机理图

政府环境规制的目的是促使企业主动（自其内部）承担环境污染预防成本，从而大大降低因环境污染给社会公众造成的巨大损害和政府为环境治理所支付的代价，推动可持续发展。与单纯征收违规罚款不同，政府规制政策的制定应着眼于促使企业主动建立环境污染预防及治理机制，从源头上解决环境污染问题。然而，环保投资对经济发展和企业财务绩效的影响仍然是一个有争议的议题。企业环保投资初期会带来成本上升、产品价格增加、销售下滑，进而会导致企业现金流量下降，且由于负外部性的存在，追求经济利益的企业缺乏投资环保的动机，单方面的规制政策可能难以奏效，政府还需

❶ 新古典经济学认为，环境保护政策会提高私人生产成本，降低企业竞争力，从而抵销环境保护给社会带来的积极效应，对经济增长产生负面效应。但是美国哈佛大学教授迈克尔·波特（Michael E. Porter，1947—）则认为适当的环境规制将激励企业的技术创新和管理创新，这些创新能够提高企业的生产力，从而抵销由环境保护带来的成本并且提升企业的盈利能力，这就是波特假说（Porter Hypothesis）。

要对企业予以激励，但政府激励政策必须符合经济性原则，借鉴 Ding et al.(2014)[43]所做的研究，对引入环境规制的企业环保投资项目的经济可行性进行评价，探寻企业环保投资实现盈亏平衡的条件。以因投资环保而带来的增量净现金流量等于零（$\Delta NPV = 0$，即实现盈亏平衡）为分界点将企业环保投资项目划分为初始阶段和稳定阶段，考虑到政府补贴的经济性和企业环保投资项目的发展情况，政府至少须在项目初始阶段提供激励政策。

综上所示，通过将 EKC 划分为不可逆型、传统型和理想型三类，并通过对其演进原理的分析，可为政府出台环境政策提供思路。

7.2　环境规制政策区域差异化：模型分析

7.2.1　问题描述

环境规制政策是促使企业进行环保投资将外部环境成本内部化的重要推动力，也是供应链企业进行决策的重要约束。环境规制政策是政府环境价值诉求的重要体现，不同地区、不同时期的政府政策存在差异，即环境规制政策存在空间和时间两个维度的差异性。空间上的差异体现为在不同的地区，政府的环境价值诉求不同，这使得同一类型供应链企业在不同区域进行环保投资决策时所面对的约束条件不同；时间上的差异性表现为，随着时间的推移，政府环境价值诉求发生改变，在本书中具体表现为，随着供应链环保投资项目的运行，各利益相关者的环境价值诉求发生变化，环保投资决策所面临的约束条件也产生变化。

为分析差异性的环境规制政策对供应链环境成本内部化的影响。本书借鉴《全国主体功能区规划》并结合不同区域经济发展状况、生态自然条件、消费者消费习惯等因素将我国区域分为生态脆弱、经济欠发达和经济较发达地区，如图 7-5 所示。结合《全国主体功能区规划》分析，生态脆弱区属于禁止开发或者限制开发区域，而经济较发达地区属优化开发区域，经济欠发达地区属于重点开发区域，各区域主体功能也不尽相同。不同地区供应链实施环境成本内部化所面临的环境可持续约束条件尤其是政府规制—激励政策不同。

生态脆弱区环境承载能力低、环境容量小、生态系统脆弱，政府监管的基本思路是从严监管，制定并执行严格的环境保护政策，对企业可能对生态

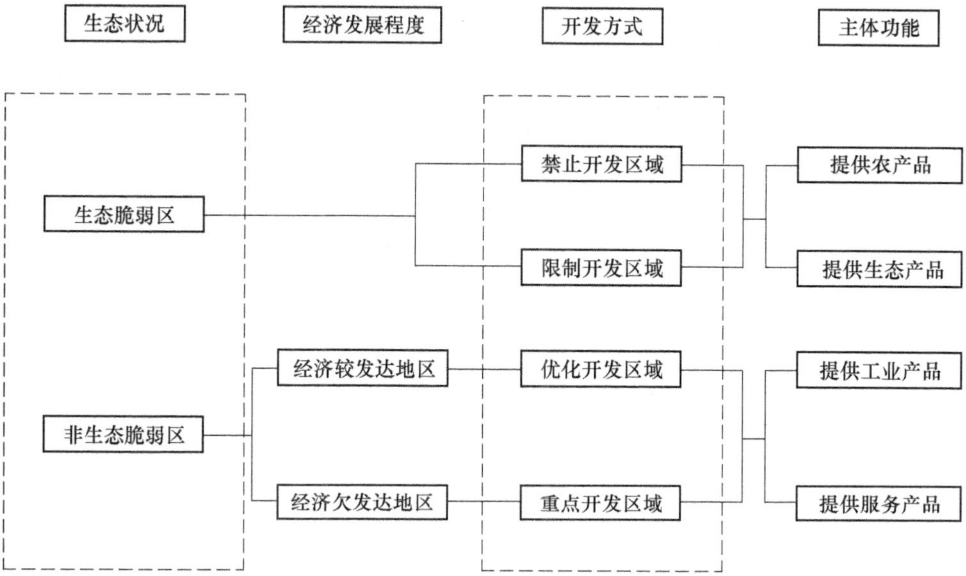

图 7-5 考虑生态状况与经济发展程度的区域划分
（参考了《全国主体功能区规划》对我国不同区域的分类）

环境造成污染的行为严格加以遏制，区域内不允许进行有污染的工业生产，应该将经济发展与环境污染间的关系始终保持在理想型 EKC 所描述的态势。

相对经济较发达地区而言，经济欠发达地区对环境已造成的影响相对较小，环境承载能力相对较高，而且在今后相当长的时期内都将面临发展经济的压力，因此，在生态条件允许的情况下，政府环境监管政策考虑的是如何实现经济发展与生态保护协调并行，环境规制政策遵循循序渐进逐渐收紧原则。经济欠发达地区在发展经济中要始终注意避免走经济较发达地区的老路，应该促使区域环境库兹涅茨曲线朝着理想型的态势发展。

在经济较发达地区，以往经济发展过程对环境造成了相当大的影响，未来经济发展的重点是转变经济发展方式，政府倾向于制定并执行严格的环境政策，在总量控制方面，通过治理、限制或关闭污染物排放企业等措施，实现污染物排放总量持续下降和环境质量状况达标。

本部分要解决的第一个问题是环境规制政策的区域差异会对供应链的环保投资决策产生何种影响，对于该问题的分析采用经济欠发达地区与经济较发达地区对比分析的方式来进行；本部分要解决的第二个问题是随着环境规制政策演变，供应链环保投资决策如何变化，由于经济欠发达地区的环境规制有一个循序渐进逐渐收紧的过程，所以选取经济欠发达地区为例对政府环境政策的时间差异对企业环保投资决策造成的影响进行分析。

7.2.2 模型构建

在本书第 5 章所构建的最优化模型中，将环境容量、政府政策、库存约束和市场约束作为环境可持续约束条件，供应链环保投资的系统集成增量收益净现值（ΔNPV）最大化为目标函数。为研究区域差异对供应链环保投资决策的影响，本章依然沿袭第 5 章环保投资决策模型的假设并针对本章要分析的问题做出如下假设：

（1）在中央政府、地方政府和集成供应链的三方动态博弈均衡条件下，地方政府具有保护环境的意愿，即地方政府在财政许可的范围内愿意对企业环境成本内部化行为给予引导和监督。

（2）在不同区域进行决策的供应链条件完全一致，即可以视为一条供应链在环境可持续约束不同的区域进行决策。

（3）该供应链企业不在生态脆弱区进行生产，经济较发达地区市场容量比欠发达地区大且消费者的环境敏感度高。

区域经济发展程度和生态环境条件的不同导致政府监管力度不同，从而使各区域总量排污限值不同，同时随着经济的发展，区域内企业个数增多，供应链分配到的单位上限 Y_t 也随时间发生变化；区域经济发展程度的差异性导致消费者环保敏感系数 k 等不同。本部分将运用第五章所构建的最优化模型探析上述约束条件的差异对供应链环保投资决策的影响，如式（7-1）所示。

$$\mathrm{Max}\Delta NPV = \sum_{t=1}^{N} \begin{bmatrix} (P_{mt}^{e} - C_{mt}^{e} - W_{mt}^{e} - mC_{st}^{e} - mW_{st}^{e} - mC_{h}^{e}/2q_{t} + \\ \alpha_{t}\dfrac{\sum\limits_{t=1}^{n}[C_{mt}^{e} + mC_{st}^{e} - (C_{mt}^{u} + mC_{st}^{u})]Q_{t}^{e} + I_{m} + I_{s}}{\sum\limits_{t=1}^{n} Q_{t}^{e}}) - \\ (P_{mt}^{u} - C_{mt}^{u} - mC_{st}^{u} - W_{mt}^{u} - mW_{st}^{u} - F_{mt}^{u} - mF_{st}^{u} - mC_{h}^{u}/2q_{t}) \end{bmatrix}$$

$$Q_{t}^{e}\mathrm{e}^{-rt} - q_{t}(C_{o}^{e} - C_{o}^{u})\mathrm{e}^{-rt} - I_{s} - I_{m}$$

$$
\text{st.}\begin{cases}
Q_t^e(E_{mt}^e + mE_{st}^e) + (Q - Q_t^e)(E_{mt}^u + mE_{st}^u) \leqslant Y_t \\
\alpha_t \leqslant \dfrac{b[Z_t^u - Z_t^e - (F_{mt}^u + mF_{st}^u)Q_t^e]\sum\limits_{t=1}^{n} Q_t^e}{Q_t^e[\sum\limits_{t=1}^{n}(C_{mt}^e + mC_{st}^e - C_{mt}^u - mC_{st}^u)Q_t^e + I_m + I_s]} \\
P_{mt}^e(1 - k) + U_t^e \leqslant P_{mt}^u + U_t^u \\
q_t(C_o^e - C_o^u) = \dfrac{m(C_h^e - C_h^u)Q_t^e}{2q_t} \\
Q_t^e \geqslant 0,\ P_{mt}^e \geqslant 0,\ \alpha_t \geqslant 0,\ q_t \geqslant 0
\end{cases} \tag{7-1}
$$

运用库恩–塔克定理解析式（7-1）所示的最优化模型，求得约束条件下的最佳初始产销量 Q_1^{e*}、最佳定价 P_{mt}^{e*}、政府的最佳补贴系数 α_t^{e*} 及供应商最佳订货批次 q_t^* 如式（7-2.1）~式(7-2.4）所示。

$$
Q_1^{e*} = \frac{Q(E_{mt}^u + mE_{st}^u) - Y_t}{(1+g)^{t-1}(E_{mt}^u + mE_{st}^u - E_{mt}^e - mE_{st}^e)} \quad \text{for } t = 1 \tag{7-2.1}
$$

$$
P_{mt}^{e*} = \frac{P_{mt}^u + U_t^u - U_t^e}{1 - k} \tag{7-2.2}
$$

$$
\alpha_t^* = \frac{b[Z_t^u - Z_t^e - (F_{mt}^u + mF_{st}^u)Q_1^e(1+g)^{t-1}][(1+g)^n - 1]}{(1+g)^{t-1}g[\sum\limits_{t=1}^{n}(C_{mt}^e + mC_{st}^e - C_{mt}^u - mC_{st}^u)(1+g)^{t-1}Q_1^e + I_m + I_s]} \tag{7-2.3}
$$

$$
q_t^* = \sqrt{\frac{m(C_h^e - C_h^u)(1+g)^{t-1}Q_1^e}{2(C_o^e - C_o^u)}} \tag{7-2.4}
$$

其中，政府补贴的期限是在 $t \leqslant n$（当 $t = n$ 时，$\Delta NPV = 0$）的时间段内。

7.2.3 模型分析

分析环境可持续约束条件的区域差异对供应链环境成本内部化的影响，需要在明晰各利益相关者决策影响因素的基础上，而各利益相关者的决策影响因素已在第 5 章进行了详细的分析，本部分将主要分析政府规制—激励政策的区域差异是如何影响供应链企业环保投资决策的。

（1）从式（7-2.1）可以看出，在技术水平一定情况下，供应链的产销量决策主要与作为环境容量约束替代的政府规定的排污上限（Y）、区域市场份额 Q 、计划产量增速 g 以及环保投资后排污量（E_e^m，E_s^e）有关。其中与政府规制—激励政策相关的因素是政府规定的排污上限 Y 。政府通过制定不同的环境规制引导供应链做出不同的产量决策。对于经济较发达地区而言，政府实行最严格的排污限制，供应链减排压力大，严格的环境监管政策引导供应链积极进行环保投资；对于经济欠发达地区而言，为协调环境保护与经济发展间的关系，政府的环境政策有一个由松趋紧逐渐变化的过程，在该过程中，供应链的产销量决策也有一个逐渐变化的过程。

（2）从式（7-2.2）可以看出，在非环保产品市场已较成熟的情况下，供应链对环保产品的定价决策主要受到消费者环保敏感度 k 以及环保产品使用成本 U^e 的影响。一般而言，经济较发达地区居民人均可支配收入较经济欠发达地区高，消费者的购买力更强，对环保敏感度更高，制定相对较高的价格可为消费者所接受，同时，对于同类环保产品而言，由于区域基础设施、市场成熟条件等差异，导致使用成本也存在区域差异。以电动汽车为例，如果由政府出资规划建设充电站等基础设施，可大幅度降低其使用成本，增加消费者的购买动力，因此，供应链的定价决策受到区域差异化的市场条件的约束。

（3）从式（7-2.3）可以看出，在区域政府都具有治理环境的意愿前提下，政府补贴系数主要受到两个因素的影响，一是地方政府环境治理力度 b ，二是供应链进行环保投资后政府环境治理支出的节约额 $Z_t^u - Z_t^e$ 。系数 b 越大，表示政府愿意拿出越多的资金来对供应链环保投资项目进行补贴，而系数 b 的大小则主要受到区域经济发展水平的影响。对于经济较发达地区而言，为改善环境，政府有更多的财政收入可用于支出；对于经济欠发达地区而言，政府财政预算紧张，相对于治理环境而言，有更多其他的地方需要政府补贴，如教育、医疗等直接关系民生的项目，补贴力度较经济较发达地区小。当然，系数 b 的大小也会受到地方政府执政理念的影响，但在假设地方政府均具有治理环境的意愿前提下，暂且忽视该因素的影响。

（4）从式（7-2.4）可以看出，订货批次主要取决于供应链的产销量决策，影响其产销量决策的因素已在前文进行了分析，在此不对其订货策略进行特别分析。

7.3 环境规制政策区域差异化：算例分析

7.3.1 参数取值

基于前述理论分析，该部分将通过算例的形式运用来源于不同区域的供应链数据（基本数据与第5章投资决策算例所用数据一致，为了探析环境规制政策对供应链投资决策的影响，经济欠发达地区和经较发达地区排污限值 Y 所取数值不同）讨论政府规制—激励政策的区域差异对供应链企业环保投资决策的影响。

为方便比较政府政策的不同对企业决策的影响，文章选取来自经济较发达地区和欠发达地区同类型供应链的数据进行比较分析。由于生态脆弱区一般属限制开发区域或禁止开发区域，对大规模高强度的工业化开发有严格限制，在算例中暂不考虑生态脆弱区。

供应商和制造商初始环保投资分别为 $I_s=35$ 亿元、$I_m=40$ 亿元，市场份额为 $Q=8000$，环保产品产销量年均增长率为 $g=10\%$，风险调整贴现率均为 $r=10\%$，政府补贴力度 $b=0.1$。制造商生产单位产品需供应商提供2单位原材料，$m=2$。制造商生产单位非环保与环保产品的排污量分别为 $E_{mt}^u=2$，$E_{mt}^e=1$；供应商生产单位非环保和环保产品的排污量分别为 $E_{st}^u=1$，$E_{st}^e=0.5$。

经济欠发达地区的政府环境规制政策逐渐紧缩，体现在排污限值约束 Y 随时间发生变化，排污限值的动态调整较为复杂，本书中假设经济欠发达地区政府每两年调整一次排污上限；经济较发达地区政府执行最严格的环境规制政策，排放限值约束固定为 $Y=20000$。由于经济发展水平存在差异，消费者的环保敏感度数据也取不同的值，经济欠发达地区取值 $k=0.1$；经济较发达地区取值 $k=0.15$。其他基本参数取值见表7-1。

表7-1 环境规制政策效用分析基本参数取值表 单位：万元

$t=1-10$								
$P_{mt}^u=110$	$P_{st}^u=30$	$P_{st}^e=38$	$C_{mt}^u=30$	$C_{st}^u=20$	$C_{mt}^e=35$	$C_{st}^e=25$	$W_{mt}^u=3$	$W_{st}^u=3$
$W_{mt}^e=1$	$W_{st}^e=1$	$U_t^u=6$	$U_t^e=5$	$F_s^u=3$	$F_m^u=6$			

表7-1的数据同时适用于经济较发达地区和经济欠发达地区的分析，与区

域差异特征相关的参数值见表 7-2。

表 7-2　环境规制政策效用的区域差异分析参数取值表

经济欠发达地区										
	$t=1$	$t=2$	$t=3$	$t=4$	$t=5$	$t=6$	$t=7$	$t=8$	$t=9$	$t=10$
Y	25000	25000	24000	24000	23000	23000	22000	22000	21000	21000
k	0. 1	0. 1	0. 1	0. 1	0. 1	0. 1	0. 1	0. 1	0. 1	0. 1
经济较发达地区										
	$t=1$	$t=2$	$t=3$	$t=4$	$t=5$	$t=6$	$t=7$	$t=8$	$t=9$	$t=10$
Y	20000	20000	20000	20000	20000	20000	20000	20000	20000	20000
k	0. 15	0. 15	0. 15	0. 15	0. 15	0. 15	0. 15	0. 15	0. 15	0. 15

7.3.2　数据分析

运用 Excel 中的规划求解工具计算上述规划模型的结果见表 7-3 和表 7-4。从计算结果可以看出，在环境规制政策引导下，经济欠发达和经济较发达地区的环保产品总产销量均逐年增加，供应链的污染物排放量均逐年降低。这说明环境规制政策对于引导企业进行环保投资、降低污染物排放具有积极的作用。但是由于环境规制政策的区域差异也导致了处于不同地区的供应链出现了不同的演进趋势。

表 7-3　经济欠发达地区计算结果表

	$t=1$	$t=2$	$t=3$	$t=4$	$t=5$	$t=6$	$t=7$	$t=8$	$t=9$	$t=10$
Q_t^{e*}	3500	3850	4235	4658. 5	5124. 35	5636. 79	6200. 46	6820. 51	7502. 56	8000
α_t	0. 24	0. 16	0. 14	0. 12	0. 11	0. 09	0. 08	0	0	0
$B_{mt}Q_t^{e*}$（百万元）	76. 49	50. 34	44. 67	39. 52	34. 84	30. 58	26. 71	0	0	0
P_{mt}^e（万元）	123. 33	123. 33	123. 33	123. 33	123. 33	123. 33	123. 33	123. 33	123. 33	123. 33
ΔNPV（百万元）	-6669. 01	-5862. 67	-5007. 85	-4099. 90	-3133. 97	-2104. 55	-1005. 87	22. 48	1142. 39	2324. 66
排污量（当量）	25000	24300	23530	22683	21751. 3	20726. 43	19599. 07	18358. 98	16994. 88	16000

表 7-4 经济较发达地区计算结果表

	$t=1$	$t=2$	$t=3$	$t=4$	$t=5$	$t=6$	$t=7$	$t=8$	$t=9$	$t=10$
Q_t^{e*}	6000	6600	7260	7986	8000	8000	8000	8000	8000	8000
α_t	0.23	0.21	0.18	0	0	0	0	0	0	0
$B_{mt}Q_t^{e*}$（百万元）	71	62.36	54.51	0	0	0	0	0	0	0
P_{mt}^{e}（万元）	130.59	130.59	130.59	130.59	130.59	130.59	130.59	130.59	130.59	130.59
ΔNPV（百万元）	-5677.12	-3747.67	-1701.81	108.10	1903.08	3680.31	5439.80	7181.74	8906.33	10613.74
排污量（当量）	20000	18800	17480	16028	16000	16000	16000	16000	16000	16000

由于从一开始就实行严格的环境监管政策，供应链减排压力大，经济较发达地区在第 5 年就将污染排放降低到了 16000；在经济欠发达地区，政府的环境监管政策有一个从松到紧逐渐变化的过程，供应链污染排放从初始的 25000 当量到第 10 年才降低到 16000 当量。经济较发达地区依托雄厚的经济实力，以严格的污染排放限制为约束，供应链在 $t=4$ 年实现了正的增量净现值（ΔNPV）并且在 $t=5$ 年实现环保产品对非环保产品的完全替代，这说明从 $t=4$ 年开始随着产值的增加，环境污染水平可维持在较低的水平，政府严格监管条件下的企业环保投资行为促使 EKC 的良性演进转变，而对于经济欠发达地区而言，供应链在 $t=8$ 年实现盈亏平衡，政府在 7 年期间均需提供补贴。对于经济欠发达地区企业而言，需要进一步考量环保投资的经济可行性以及该项目是否适合在本地发展。

对比表 7-3 和表 7-4 的内容，可从以下四个方面对计算结果进行分析：

首先，由于政府在经济较发达地区实行更为严格的排放限制政策，经济较发达地区企业的减排压力更大，导致在较发达地区经营的企业的环保产品的初始产量远远高于非环保地区的企业。

其次，在经济欠发达地区，政府规定的排污限制从初始的 25000 当量逐渐减少到第 10 年的 21000 当量，以两年为周期进行动态调整，这为企业调整生产方式预留了缓冲期，不致使企业因为环保投资的骤增而影响到盈利、进而影响到区域经济发展；随着企业环保投资减排作用的逐渐显性和企业环保投资项目财务状况的改善，经济欠发达地区政府用于对企业环保投资项目补贴越来越少，说明环境规制政策对于促使企业进行环保投资、降低污染的作用逐渐显现。需要注意的是，政府在经济欠发达实行由松到紧的环境规制政策应该是在充分评估区域生态环境状况基础上做出的决策，即使是初期较宽松的环境规制政策也足以保证环境自我修复的功能不致受损。

再次，对比表 7-3 和表 7-4 可以发现，经济欠发达地区环保产品定价要低于经济较发达地区，这与消费者对环保产品的接受程度相关。本书假设经济越发达地区的消费者对环保产品的接受度越高、越愿意支付比非环保产品高的价格来获得清洁环保的产品，这也与现实情况比较接近。

最后，要想使政府环境—规制激励政策发挥其引导和驱使企业进行环保投资的作用，政府还必须出台一系列的相关配套措施，其中最重要的是制定严格的惩罚措施，增加企业的环境违约成本，同时还应该强化企业和个人的环境保护责任，对于违规企业和监管不力的部门进行重罚。

本章小结

本章首先从 EKC 演进的视角对政府环境可持续规制—激励政策促进企业环保投资的引导和驱使作用进行了分析，然后在综合分析我国各地区生态状况、经济发展水平基础上，结合国务院颁布的《全国主体功能区规划》将我国分为生态脆弱区、经济较发达地区和经济欠发达地区，对各地区的政府规制—激励政策差异进行了分析，并运用投资决策部分构建的最优化模型，对影响各地区企业产量决策、定价决策和政府补贴政策的因素进行了分析，分析结果显示，企业应该因地制宜制定区域差别定价策略和产销量策略、政府应因地制宜出台规制激励政策，而且随着各区域生态条件和经济发展水平的变化，政府和企业均需对决策进行动态调整。

8 结　　论

本书选取供应链环境成本内部化问题为研究对象，从分析利益相关者群体行为的角度对供应链环境成本内部化实施过程中的利益相关者行为抉择博弈、供应链环保投资决策、供应链成员企业协同收益分配、环境规制政策效用四个问题进行了系统分析。在研究中主要采用了博弈分析、投资决策分析、租金贡献分析等方法。通过研究，明晰了促使供应链实施环境成本内部化的利益相关者博弈均衡策略、供应链在环境可持续约束条件下的环保投资决策、供应链成员企业间的收益分配机制、环境规制政策的作用机理等。本章将根据前 7 章的详细分析，概括本书的主要研究结论及学术贡献，指出研究不足，并在此基础上对未来的研究方向进行展望。

8.1　研究结论

通过深入分析，本书主要得出以下几点结论：

（1）本书就供应链环保投资问题构建了中央政府、地方政府和集成供应链三方动态博弈模型，通过模型解析主要得出以下几点结论：中央政府监管概率与对地方政府因环境治理不力的罚款和地方政府的监管成本成正比，与对地方政府的督导成本、地方政府的罚款收入和地方政府环境治理有效而获益成反比；地方政府监管概率与罚款收入和中央政府对供应链的补贴成反比，与供应链因实施环境成本内部化所带来的净收益增量成反比，与供应链环保投资的投资额成正比；供应链环保投资的概率与中央政府对地方政府因环境治理不力的罚款成反比，与地方政府的监管成本成反比。为促进供应链环境成本内部化的实施，各利益主体所起作用不同，具体来说，中央政府应发挥政策导向作用，地方政府应发挥监督执行作用，而企业应发挥投资主体作用，消费者则应该积极购买环保产品。

（2）从利益相关者的环境价值诉求视角来进行分析，供应链环保投资决策受到环境容量、政府政策、库存成本最小化和消费者购买行为等环境可持续约束的制约，供应链必须合理决策以正确处理与上述约束条件的关系。通过构建供应链环保投资决策的最优化模型并运用算例分析可知，在进行环保投资的初期，环境容量、市场和政府三个约束条件均为有效约束，企业的最佳产销量是满足环境容量约束的产销量，价格的制定必须综合考虑消费者对环保产品的敏感度以及环保产品的使用成本两个因素，而政府的补贴随着环保产品产销量的增加将逐渐减少。随着环保产品逐渐替代非环保产品，环境容量约束松弛，而随着环保投资项目的运行，当达到增量利润净现值为零的盈亏平衡点时，政府约束逐渐松弛；随着环保产品使用条件的不断成熟，市场约束也会松弛，但是针对不同类型的消费者，企业仍应将市场约束作为决策的重要依据。该模型为供应链环保投资情况下制定不同阶段的产销量及价格决策提供了决策依据。同时，对于政府补贴政策的制定具有借鉴和参考价值，对于推动企业承担环境成本、减少政府环境治理支出、推动环保产品的市场化，实现可持续发展具有借鉴意义。

（3）基于租金贡献分析的收益分配方法不仅能够体现环保投资在供应链上的传导，而且能够满足收益分配的要求。本书基于供应链竞争优势来源于企业资源的基本观点，运用租金贡献模型对供应链收益分配的传统 Shapley 值方法加以改进，并提出基于租金贡献的收益分配模型。通过模型的分析及应用，探明了供应链环境成本内部化在供应链系统内部的价值传导过程，并解析如何运用租金贡献模型分配待分配收益，从而实现供应链个体收益满意与整体收益最优的统一。通过运用租金贡献模型对供应链环境成本内部化成员企业间收益分配进行研究，一方面明晰了由于环境成本内部化而导致的供应链价值传导关系的变化过程，另一方面以各成员企业运用自身资源对供应链系统的贡献为依据确定了收益分配标准。为如何确定交易价格以实现协同供应链系统收益最优与成员企业个体收益最优相统一提供了思路框架。

（4）环境规制政策通过引导和驱使企业进行环保投资的方式改善经济发展与环境保护间的关系。本书从环境库兹涅茨曲线演进的角度对政府规制—激励政策对企业环保投资的引导和驱使作用进行了分析，在政府总量管控模式下，随着经济的不断发展，企业数量（产量或个数）不断增加，单个企业允许排放的限额就会不断降低，这时，企业必须进行环保投资以降低单位产量带来的污染物排放。同时，区域经济发展水平、环境状况的差异影响环境规制政策的制定，而政府政策的差异又会对供应链环境成本内部化产生不同的影响。本书基于对我国不同区域生态状况和经济发展程度的分析将我国区分为生态脆弱、经济欠发达和较发达地区，并对不同地区政府政策制定的原则和市场状况进行了区分，在此基础上运用前文构建的最优化模型，分析了政府规制—激励政策的差异对供应链环境成本内部化的影响。研究发现：环境规制政策的区域差异会导致不同区域同一类型供应链发展环保产品的规模和效益存在差异，不同区域供应链实现盈亏平衡的年限也存在差异，政府规制—激励政策的差异使不同区域供应链环境成本内部化的演进路径不同。鉴于政府规制—激励政策对供应链环境成本内部化产生的影响，政府需根据区域差异因地制宜出台环境政策，同时供应链也需因地制宜制定产量及价格决策。

本书的主要贡献在于系统分析供应链环境成本内部化机制问题，具体来说，主要有以下四点：

首先，针对供应链环境成本内部化问题，构建了中央政府、地方政府和供应链在内的三方动态博弈模型，同时将消费者购买行为作为参数引入到模型中，探析了为实现供应链环境成本内部化的利益相关者博弈均衡机制。

其次，为了分析供应链环保投资决策，构建了以供应链增量利润净现值最大化为目标函数、以环境可持续约束条件为约束的最优化模型，运用库恩—塔克定理分析约束条件下供应链的最佳产销量、定价和库存决策以及政府的最佳补贴策略，为供应链企业和政府提供了决策参考框架。

再次，为了协调供应链系统收益与成员企业个体收益，提出供应链协同收益分配的租金贡献方法，对环保投资在供应链上引致的价值传导过程进行分析，并依据成员企业所创造的租金进行收益分配，提出了一种协调供应链系统收益和成员企业个体收益的新思路。

最后，为分析环境规制政策的效用，从环境规制政策驱使和引导企业进行环保投资，进而促使环境库兹涅茨曲线演进的角度对政府规制激励—政策的效用进行了分析，将宏观视角的环境问题与微观视角的政府规制—激励政策驱使和引导下的企业环保投资相结合。

8.2 研究展望

总结整篇论文的研究过程来看，本书还存在以下几个方面的研究不足，同时指出未来值得继续研究的方向：

（1）本书在利益相关者行为抉择博弈分析部分仅选取中央政府、地方政府和供应链为主要利益相关者，对其实施环境成本内部化的博弈进行了分析。在实际情况中，该问题牵涉的利益相关者要更多，其博弈过程和均衡结果也更为复杂，但由于三方以上的博弈模型较为复杂，所以本书未对其他利益相关主体的博弈进行探析。在供应链环境成本内部化过程中，其他利益相关者如股东、员工、债权人、竞争者、环保团体等会产生何种影响是值得进一步研究的问题。由于利益相关者众多，构建多方博弈模型较为复杂，未来可以运用实证分析方法对上述各利益相关者间的作用关系进行分析。

（2）由于问题的复杂性，仅选取由制造商和供应商组成的两级供应链进行分析。在实际情况中，供应链包含从最初的原材料供应商到最终用户的整个链条上的所有企业，供应商往前延伸有供应商的供应商，制造商往后延伸有客户，客户往后延伸还有客户的客户，未来如何将两级供应链的环境成本内部化问题拓展到三级甚至更多级供应链，是值得研究的问题之一；在书中假设供应商与制造商是一对一的关系，未考虑一家供应商对应多家制造商的情况，在一家供应商对应多家制造商的情况下，若为了满足生产环保产品制造商的原材料需求，供应商增加投入势必会带来成本的上升，可能会导致其对其他制造商提供原材料的价格上升，进而会导致销量下滑，在该情况下，供应商如何安排生产的具体运作问题也是未来值得研究的选题。

（3）由于本书研究的主要内容是供应链环境成本内部化各主要利益相关者的利益协调，因此，在供应链协同方面，仅就供应链协同收益分配的问题进行了研究，而未研究供应链协同的其他方面。未来如果将两级供应链的研究拓展到三级甚至多级供应链，供应链的协同问题将变得更为复杂，对多级供应链间的包含信息共享机制、库存管理机制、需求预测机制等在内的协同机制进行研究是值得进一步研究的问题之一。

后　记

正如环境经济学家查尔斯·D. 科尔斯塔德所言，“中国是21世纪中世界经济的火车头。与经济成功一同到来的是中国的日渐繁荣和世界地位的提高。尽管如此，像其他国家一样，成功也不可避免的带来了很多环境问题。幸运的是，中国已经意识到了环境问题不容忽视，至少在长远来看是应该解决的”。生态环境问题归根到底是发展方式问题，探寻经济增长与环境保护间的良性互动关系是破解当前我国环境污染难题的关键所在。供应链环境成本内部化所要解决的问题是用供应链的力量推动成员企业承担环境成本，而在市场失灵的情况下，政府环境规制则是引导和监督企业行为朝着对环境有利的方向发展的必要措施。因此，本书对环境规制约束下的供应链环境成本内部化机制进行了研究。研究结果显示，通过合理的环境规制设计和供应链系统的压力完全可以促使企业将外部环境成本内部化，形成污染物源头控制的生产模式。

在我国经济由高速增长转向高质量增长的历史背景下，生态环境保护工作被提升到前所未有的战略高度，政府出台各种环境规制政策引导企业采取对环境有利的行为，有效推动了全国生态环境质量的有效改善。然而，生态环境是公共物品，单靠政府或者单靠市场都不能解决问题，环境问题的解决需要政府、企业、社会公众等各主体的共同努力。同时，环境问题的改善需要遵循社会经济和自然演变规律，避免为了治理环境而支出过高的社会经济成本，环境问题的解决需要长期的科学治理。在当前历史背景下，探寻合理的环境规制路径是国家治理体系和治理能力现代化在环境治理领域的具体体现。环境治理不可能一蹴而就，可能要耗费几代人的努力，但我们也决不能因此就停止改善环境的脚步。“路漫漫其修远兮，吾将上下而求索”应该是我们面对环境问题的正确态度。

刘　倩

2020 年 9 月

参考文献

[1] 中华人民共和国生态环境部.《2019中国生态环境状况公报》. http://120.221.32.79:6510/www.mee.gov.cn/hjzl/sthjzk/zghjzkgb/202006/P020200602509464172096.pdf[EB/OL]. 2020.06.02.

[2] 中华人民共和国生态环境部.《2019中国海洋生态环境状况公报》. http://www.mee.gov.cn/hjzl/sthjzk/jagb/202006/P020200603371117871012.pdf[EB/OL]. 2020.06.03.

[3] 陆钟武，毛建素.穿越"环境高山"——论经济增长过程中环境负荷的上升与下降[J]. 中国工程科学，2003，5（12）：36-42.

[4] 国部克彦.环境经营会计[M]. 2版.北京：中国政法大学出版社，2014.

[5] Stern N. The economics of climate change: The stern review [M]. New York: Cambridge University Press, 2007.

[6] George J. Stigler. The theory of economic regulation [J]. The Bell Journal of Economics and Management Science, Vol. 2, No. 1. (Spring, 1971), pp. 3-21.

[7] 张琳.美国"优秀环境管理"计划（Project XL）及其借鉴研究[D]. 济南：山东科技大学，2006.

[8] 赵玉民，朱方明，贺立龙.环境规制的界定、分类与演进研究[J]. 中国人口资源与环境，2009，19（6）：85-90.

[9] 张小筠，刘戒骄.新中国70年环境规制政策变迁与取向观察[J]. 改革，2019（10）：16-25.

[10] Coase R H. The problem of social cost [J]. The Journal of Law and Economics, 1960 (3): 1-43.

[11] 沈满洪，何灵巧.外部性的分类及外部性理论的演化[J]. 浙江大学学报（人民社会科学版），2002（1）：153.

[12] Freeman R E, Reed D L. Stockholders and Stakeholders: A New Perspective on Corporate Governance [J]. California Management Review, 1983, 25 (3): 93-94.

[13] Donaldson T, Preston L E. The stakeholder theory of the corporation: Concepts, evidence, and implications [J]. Academy of Management Review, 1995, 20 (1): 65-91.

[14] 张维迎.博弈论与信息经济学[M]. 格致出版社，上海三联出版社，上海人民出版社，2004.

[15] 葛家澍，李若山.九十年代西方会计理论的一个新思潮——绿色会计理论[J]. 会计研究，1992（5）：1-6.

[16] 肖莹，谭斌斌，赵妮.我国环境会计理论体系研究文献综述[J]. 财会通讯，2009

(8)：99-101.

[17] Swarr T E, Hunkeler D, Klöpffer W, et al. Environmental life-cycle costing: a code of practice [J]. The International Journal of Life Cycle Assessment, 2011, 16 (5): 389-391.

[18] Senthil K D, Ong S K, Nee A Y C, et al. A proposed tool to integrate environmental and economical assessments of products [J]. Environmental Impact Assessment Review, 2003, 23 (1): 51-72.

[19] 张梅，上官阿欣. 蓝色经济区建设中产业生态化的路径选择——以环境成本内部化为视角 [J]. 知识经济，2012 (4)：22-23.

[20] 迟诚. 我国环境成本内在化问题研究 [J]. 经济纵横，2010，(5)：41-44.

[21] 厉以宁. 论环境污染治理费用的分摊 [J]. 北京大学学报（哲学社会科学版），1990 (6)：26-42.

[22] 肖序. 环境成本论 [M]. 北京：中国财政经济出版社，2002.

[23] 马自俊. 环境成本核算与管理探究 [J]. 北方经贸，2012 (1)：93-94.

[24] De Beer P, Friend F. Environmental accounting: a management tool for enhancing corporate environmental and economic performance [J]. Ecological Economics, 2006, 58 (3): 548-560.

[25] 陈毓圭. 环境会计和报告的第一份国际指南 [J]. 会计研究，1998 (5)：4.

[26] 姜迎道，席德立. 环境外部不经济性内部化手段的评价与筛选 [J]. 环境科学，1993，20：95-97.

[27] 庇古著. 福利经济学 [M]. 金镝，译. 北京：华夏出版社，2007.

[28] 国家发展和改革委员会. 中国应对气候变化的政策与行动 2012 年度报告 [R]，2012.

[29] Bithas K. Sustainability and externalities: Is the internalization of externalities a sufficient condition for sustainability? [J]. Ecological Economics, 2011, 70 (10): 1703-1706.

[30] Esty D C. Environmental protection and international competitiveness: A conceptual framework [D]. Belgium: University of Liege, 1998.

[31] Porter M E, Van der Linde C. Green and competitive: ending the stalemate [J]. Harvard business review, 1995, 73 (5): 120-134.

[32] 胡国珠，储丹萍，胡彩平. 环境成本内部化对我国出口竞争力的影响研究 [J]. 经济问题探索，2010 (9)：124-128.

[33] 侯伟丽. 严格的环境管制会损害竞争力吗？——基于经济学文献的分析 [J]. 中国地质大学学报（社会科学版），2008 (5)：21-26.

[34] 迟铮，王佳元. 环境规制、环境成本内部化与国外对华反生态倾销［J］. 宏观经济研究，2019，252（11）：125-132+167.

[35] 宋小芬，阮和兴. 环境成本内部化与企业竞争力［J］. 经济与管理，2004（7）：43-46.

[36] 谷祖莎. 国际贸易中环境成本内部化及发展中国家对策［J］. 山东大学学报，2004，（4）：81-86.

[37] 傅京燕，李丽莎. 环境规制、要素禀赋与产业国际竞争力的实证研究——基于中国制造业的面板数据［J］. 管理世界，2010（10）：87-98.

[38] 曲如晓，张业茹. 协调贸易与环境的最佳途径——环境成本内部化［J］. 中国人口资源与环境，2006（4）：17-22.

[39] 黄晓梅. 企业环境成本内部化与应对绿色壁垒的措施［J］. 资源与产业，2010（2）：10-15.

[40] Porter M E, Van der Linde C. Toward a new conception of the environment-competitiveness relationship [J]. Journal of economic perspectives, 1995, 9: 97-118.

[41] Henri J F, Journeault M. Environmental performance indicators: An empirical study of Canadian manufacturing firms [J]. Journal of environmental management, 2008, 87 (1): 165-176.

[42] Walley N, Whitehead B. It's not easy being green [J]. The Earthscan reader in business and the environment, 1994: 36-44.

[43] 张咏梅，杜京芳. 我国企业环境成本研究述评［J］. 南京审计学院学报，2013（6）：81-86.

[44] 王幼莉. 项目可持续发展评价中环境成本内部化研究［J］. 集团经济研究，2006（12x）：215-216.

[45] 丁慧平，申金升，姜秀山. 交通社会成本内部化与我国电动车的市场化［J］. 北方交通大学学报，1999（3）：7-11.

[46] Ding H, Liu L, Ouyang F. Analysis of social cost internalization and investment valuation of reverse logistics [C]. 2008 IEEE International Conference on Service Operations and Logistics, and Informatics. 2008, 2: 2278-2283.

[47] Ding H, Xu M. Investment project analysis based on Internalizing environment cost [C]. Sixteenth International Working Seminar On Production Economics, Innsbruck, Austria, Mar., 2010.

[48] Ding H, He M, Deng C. Lifecycle approach to accessing environmental friendly product project with internalizing environmental externality [J]. Journal of Cleaner Production,

2014, 66: 128-138.

[49] 安志蓉，丁慧平．环境绩效、环境成本内部化与环境保护：一个研究综述［J］. 中国科技论坛，2013（1）：126-131.

[50] 刘倩，丁慧平，侯海玮．供应链环境成本内部化利益相关者行为抉择博弈探析［J］. 中国人口资源与环境，2014，24（6）：71-76.

[51] 宋晨．从中央与地方政府博弈的视角看环境政策执行的异化［J］. 太原师范学院学报（社会科学版），2009，8（5）：44-45.

[52] Buysse K, Verbeke A. Proactive environmental strategies: a stakeholder management perspective [J]. Strategic Management Journal, 2003, 24 (5): 453-470.

[53] Chen C W, Herr J, Weintraub L. Decision support system for stakeholder involvement [J]. Journal of Environmental Engineering, 2004, 130 (6): 714-721.

[54] 黄鑫，陶小马，杜增华．节能减排管制政策的博弈分析［J］. 广西大学学报（自然科学版），2008（9）：322-324.

[55] 吴荻，武春友．建国以来中国环境政策的演进分析［J］. 大连理工大学学报（社会科学版），2006（4）：48-52.

[56] 刘凌波，丁慧平．乡镇工业环境保护中的地方政府行为分析［J］. 管理世界，2007（11）：150-151.

[57] 柏娟萍．低碳发展模式下政府和企业间的动态博弈分析［J］. 金陵科技学院学报（社会科学版），2012，26（4）：54-58.

[58] 崔亚飞，刘小川．中国地方政府间环境污染治理策略的博弈分析——基于政府社会福利目标的视角［J］. 改革与发展，2009（6）：62-65.

[59] Hammond D, Beullens P. Closed-loop supply chain network equilibrium under legislation [J]. European Journal of Operational Research, 2007, 183 (2): 895-908.

[60] 朱海龙，陈克猛．企业合作进行污水处理的博弈问题［J］. 治淮，2010(4)：43-45.

[61] 黄琼．环境保护中的博弈思考与政策建议［J］. 发展研究，2009（1）：71-73.

[62] Matos S, Hall J. Integrating sustainable development in the supply chain: the case of life cycle assessment in oil and gas and agricultural biotechnology [J]. Journal of Operations Management, 2007, 25 (6): 1083-1102.

[63] Hall J. Environmental supply chain dynamics [J]. Journal of Cleaner Production, 2000, 8 (6): 455-471.

[64] Vachon S, Klassen R D. Environmental management and manufacturing performance: the role of collaboration in the supply chain [J]. International Journal of Production Economics,

2008, 111 (2): 299-315.

[65] Quinn F. Collaboration: more than just technology [J]. Achieving Supply Chain Excellence Through Technology, 1999.

[66] Cachon G P, Netessine S. Game theory in supply chain analysis [M]. Handbook of Quantitative Supply Chain Analysis. Springer US, 2004: 13-65.

[67] Youn S, Yang M, Hong P, et al. Strategic supply chain partnership, environmental supply chain management practices, and performance outcomes: an empirical study of Korean firms [J]. Journal of Cleaner Production, 2013, 56: 121-130.

[68] Diabat A, Govindan K. An analysis of the drivers affecting the implementation of green supply chain management [J]. Resources, Conservation and Recycling, 2011, 55 (6): 659-667.

[69] Walker H, Di Sisto L, McBain D. Drivers and barriers to environmental supply chain management practices: Lessons from the public and private sectors [J]. Journal of Purchasing and Supply Management, 2008, 14 (1): 69-85.

[70] Canning L, Hanmer-Lloyd S. Managing the environmental adaptation process in supplier-customer relationships [J]. Business Strategy and the Environment, 2001, 10: 225-237.

[71] Geffen C A, Rothenberg S. Suppliers and environmental innovation: the automotive paint process [J]. International Journal of Operations and Production Management, 2000, 20 (2): 166-186.

[72] Kannan D, Khodaverdi R, Olfat L, et al. Integrated fuzzy multi criteria decision making method and multi-objective programming approach for supplier selection and order allocation in a green supply chain [J]. Journal of Cleaner Production, 2013, 47: 355-367.

[73] Tsai W H, Hung S J. A fuzzy goal programming approach for green supply chain optimisation under activity-based costing and performance evaluation with a value-chain structure [J]. International Journal of Production Research, 2009, 47 (18): 4991-5017.

[74] Beamon B M. Measuring supply chain performance [J]. International Journal of Operations & Production Management, 1999, 19 (3): 275-292.

[75] Hasan M. Sustainable supply chain management practices and operational performance [J]. American Journal of Industrial and Business Management, 2013, 3: 42-48.

[76] Klassen, R D, Whybark D C. The impact of environmental technologies on manufacturing performance [J]. Academy of Management Journal, 1999, 42 (6): 599-615.

[77] 焦旭萍，徐建培，胡劲松. 绿色供应链中定价策略与协调机制研究 [J]. 青岛大学学

报（工程技术版），2006，21（1）：86-91.

[78] 张涛，季建华，刘志刚．基于博弈论的绿色供应链减量化生产效率比较［J］. 东北大学学报（自然科学版），2007，33（6）：739-742.

[79] 何开伦．绿色生鲜猪肉供应链定价模型及应用研究［J］. 情报杂志，2010，29（B06）：332-335.

[80] 唐国平，李龙会．企业环保投资结构及其分布特征研究——来自 A 股上市公司 2008-2011 年的经验证据［J］. 审计与经济研究，2013（4）：94-103.

[81] 陈雯．基于熵权 TOPSIS 法的环保项目投资决策研究［J］. 工业技术经济，2012（10）：40-45.

[82] 王京芳，王露，曲莎．优化企业环保投资项目决策的方法探析［J］. 科学学与科学技术管理，2008（1）：159-163.

[83] 樊慧玲．博弈论视阈下的自愿性环保投资与回应型规制［J］. 大连理工大学学报（社会科学版），2013（3）：47-52.

[84] 谢洲，周菁华．企业环境保护投资规模优化的灰色关联分析［J］. 生态经济（学术版），2012（1）：116-119.

[85] 虞炜，张晖，胡浩．排污补贴视角下的养殖户环保投资影响因素研究——基于沪、苏、浙养殖户的调查分析［J］. 中国人口资源与环境，2012（2）：159-163.

[86] 祝彦成，张学英．个人投资治理污染的随机增长模型［J］. 数学杂志，2011（6）：1125-1130.

[87] 乔永波．企业环保投资效率评价指标体系概念辨析［J］. 管理现代化，2014（3）：63-65.

[88] 胡新婷．论企业环保投资财务效率的影响因子及提升对策［J］. 湖南财政学院学报，2012（6）：109-112.

[89] Letmathe P, Balakrishnan N. Environmental considerations on the optimal product mix [J]. European Journal of Operational Research, 2005, 167: 398-412.

[90] Garg K, Kannan D, Diabat A, et al. A Multi-criteria optimization approach to manage environmental issues in closed loop supply chain network design [J]. Journal of Cleaner Production, doi: 10. 1016/j. jclepro. 2015. 02. 075.

[91] Rădulescu M, Rădulescu S, Rădulescu C Z. Sustainable production technologies which take into account environmental constraints [J]. European Journal of Operational Research, 2009, 193: 730-740.

[92] Baud-Lavigne B, Agard B, Penz B. Environmental constraints in joint product and supply

chain design optimization [J]. Computers & Industrial Engineering, 2014, 76: 16-22.

[93] 毕新华, 刘彦. 供应链协同管理研究综述 [J]. 社会科学战线, 2008, 9: 52-53.

[94] Cachon G P. Supply chain coordination with contracts [J]. Handbooks in Operations Research and Management Science, 2003, 11: 227-339.

[95] Giannoccaro I, Pontrandolfo P. Supply chain coordination by revenue sharing contracts [J]. International Journal of Production Economics, 2004, 89 (2): 131-139.

[96] Taylor T A. Supply chain coordination under channel rebates with sales effort effects [J]. Management science, 2002, 48 (8): 992-1007.

[97] Chakraborty S, Bhattachary S, Dobrzykowski D. Impact of supply chain collaboration on value co-creation and firm performance: A healthcare service sector perspective [J]. Procedia Economics and Finance, 2014, 11: 676-694.

[98] Luo J, Chong A, Ngai E W T, et al. Green supply chain collaboration implementation in China: The mediating role of guanxi [J]. Transportation Research Part E: Logistics and Transportation Review, 2014, 71: 98-110.

[99] Ramanathan U, Gunasekaran A. Supply chain collaboration: impact of success in long-term partnerships [J]. International Journal of Production Economics, 2014, 14: 252-259.

[100] Ramanathan U. Aligning supply chain collaboration using Analytic Hierarchy Process [J]. Omega, 2013, 41 (2): 431-440.

[101] Cao M, Zhang Q. Supply chain collaboration: Impact on collaboration advantage and firm performance [J]. Journal of Operations Management, 2011, 29 (3): 163-180.

[102] Bowen F E, Cousins P D, Lamming R C, et al. The role of supply chain management capacities in green supply [J]. Production and Operations Management, 2001, 10 (2): 174-189.

[103] Carter C R, Carter J R. Interorganizational determinants of environmental purchasing: initial evidence from the consumer products industries [J]. Decision Sciences, 1998, 29 (3): 659-684.

[104] Carter C R, Ellram L M. Reverse logistics-a review of the literature and framework for future investigation [J]. Journal of Business Logistics, 1998.

[105] Carter C R, Easton P L. Sustainable supply chain management: evolution and future directions [J]. International Journal of Physical Distribution & Logistics Management, 2011, 41 (1): 46-62.

[106] Delmas M, Montiel I. Greening the supply chain: when is customer pressure effective?

[J]. Journal of Economics & Management Strategy, 2009, 18 (1): 171-201.

[107] Khoshnoodi R, Fazlollahtabar H, Mahdavi M. A sustainable reverse supply chain for customer requirement fulfillment [J]. Uncertain Supply Chain Management, 2013, 1 (1): 45-56.

[108] 戴桂林，王海峰，高金田. 环境制约下厂商生产行为改变的路径设计——兼论对消费者环境偏好的揭示 [J]. 中国海洋大学学报（自然科学版），2006，36（6）：895-900.

[109] 熊中楷，梁晓萍. 考虑消费者环保意识的闭环供应链回收模式研究 [J]. 软科学，2014（11）：61-66.

[110] 熊中楷，张盼，郭年. 供应链中碳税和消费者环保意识对碳排放影响 [J]. 系统工程理论与实践，2014，34（9）：2245-2252.

[111] Lester A M, Parolini A, Winner H. Environmental regulation and investment: Evidence from European industry data [J]. Ecological Economics, 2011, 70 (4): 759-770.

[112] 朱庆华，窦一杰. 绿色供应链中政府与核心企业进化博弈模型 [J]. 系统工程理论与实践，2007（12）：85-95.

[113] Cole M A, Elliott R J R, Shimamoto K. Industrial characteristics, environmental regulations and air pollution: an analysis of the UK manufacturing sector [J]. Journal of environmental economics and management, 2005, 50 (1): 121-143.

[114] 唐国平，李龙会，吴德军. 环境管制、行业属性与企业环保投资 [J]. 会计研究，2013，（6）：83-89.

[115] 马士华，桂华明. 基于供应驱动的供应链协同技术与管理——原理与应用 [M]. 武汉：华中科技大学出版社，2009.

[116] 胥洪娥. 集成供应链成本优化研究 [J]. 华东经济管理，2005，19（4）：108-110.

[117] 黄敏镁. 基于演化博弈的供应链协同产品开发合作机制研究 [J]. 中国管理科学，2010，（6）：155-162.

[118] 邹琳. 基于纳什谈判的供应链环境成本分摊研究 [J]. 商业时代，2010（25）：25-26.

[119] 边旭，田厚平，潘德惠. 供应链中最优价格契约的制定 [J]. 东北大学学报，2003，24（6）：606-609.

[120] 陈伟，查迎春. 关于成本分摊的合作博弈方法 [J]. 运筹与管理，2004（2）：54-57.

[121] 魏修建. 供应链利益分配研究——资源与贡献率的分配思路与框架 [J]. 南开管理

评论，2005，8：78-83.

[122] 叶怀珍，胡异杰．供应链中合作伙伴收益原则研究 [J]. 西安交通大学学报，2004，39 (1)：30-33.

[123] Ding H, Guo B, Liu Z. Information sharing and profit allotment based on supply chain cooperation [J]. International Journal of Production Economics, 2011, 133: 70-79.

[124] 姚树俊. 基于 Nash 讨价还价的供应链系统协调对策研究 [J]. 经济经纬，2013，4：104-108.

[125] Frideman E. Three methods to share joint costs or surplus [J]. Journal of Economic Theory, 1999, 87: 275-312.

[126] Rosenthal E C. A game-theoretic approach to transfer pricing in a vertically integrated supply chain [J]. International Journal of Production Economics, 2008, 115 (2): 542-552.

[127] 戴建华，薛恒新. 基于 Shapley 值法的动态联盟伙伴企业利益分配策略 [J]. 中国管理科学，2004，12 (4)：33-36.

[128] 邓建高，王普查．基于 Shapley 值的价值链合作企业成本分摊博弈分析 [J]. 科学技术与工程，2009，9 (14)：4252-4260.

[129] 丁四保，王晓云．我国区域生态补偿的基础理论与体制机制问题探讨 [J]. 东北师大学报（哲学社会科学版），2008，4：5-10.

[130] 韦惠兰．自然保护区生态补偿问题研究 [J]. 环境保护，2008 (2)：43-45.

[131] 曾菊新．经济快速增长条件下的区域生态规划与建设研究 [D]. 上海：华中师范大学，2004.

[132] 常亮，徐大伟，侯铁珊，等．跨区域流域生态补偿府际间协调机制研究 [J]. 科技与管理，2013，15 (1)：92-97.

[133] 蒋辉．跨域治理决策的动态演化路径与均衡策略研究——理论与现实层面的考察 [J]. 四川大学学报（哲学社会科学版），2012，6：151-157.

[134] 华香，田贵贤．生态补偿横向转移支付的优先领域选择及边界区分 [J]. 商业时代，2013，26：100-101.

[135] 施先亮，乔晓慧．区域生态供应链的内涵研究 [J]. 管理世界，2010 (2)：171-172.

[136] Mota B, Gomes M I, Carvalho A, et al. Towards supply chain sustainability: economic, environmental and social design and planning [J]. Journal of Cleaner Production, In Press, available online 1 August 2014.

[137] Mota B, Gomes M I, Barbosa-Povoa A. Towards supply chain suatanability: balancing costs with environmental and social impacts [J]. Computer Aided Chemical Engineering, 2013, 32: 895-900.

[138] Kostin A, Guillén-Gosálbez G, Jiménez L. Dimensionality reduction applied to the simultaneous optimization of the economic and life cycle environmental performance of supply chains [J]. International Journal of Production Economics, 2015, 159: 223-232.

[139] Pishvaee M S, Razmi J. Environmental supply chain network design using multi-objective fuzzy mathematical programming [J]. Applied Mathematical Modelling, 2012, 36 (8): 3433-3446.

[140] Wahab M I M, Hamun S M H, Ongkunaruk. EOQ models for a coordinated two-level international supply chain considering imperfect items and environmental impact [J]. International Journal of Production Economics, 2011, 134 (1): 151-158.

[141] Adhitya A, Halim I, Srinivasan R. Decision support for green supply chain operations by integrating dynamic simulation and LCA indicators: Diaper case study [J]. Environmental Science & Technology, 2011, 45 (23): 10178-10185.

[142] Angell L C, Klassen R D. Integrating environmental issues into the mainstream: an agenda for research in operations management [J]. Journal of Operations Management, 1999, 17 (5): 575-598.

[143] Arrow K J, Fisher A C. Environmental preservation, uncertainty, and irreversibility [J]. The Quarterly Journal of Economics, 1974: 312-319.

[144] Bartelmus P. The cost of natural capital consumption: Accounting for a sustainable world economy [J]. Ecological Economics, 2009, 68 (6): 1850-1857.

[145] Barari S, Agarwal G, Zhang C, Mahanty B, Tiwari M K. A decision framework for the analysis of green supply chain contracts: An evolutionary game approach [J]. Expert Systems with Applications, 2012, 39 (3): 2965-2976.

[146] Beamon B M. Designing the green supply chain [J]. Logistics Information Management, 1999, 12 (4): 332-342.

[147] Beierle T C. The quality of stakeholder-based decisions [J]. Risk Analysis, 2002, 22 (4): 739-749.

[148] Boyd D E, Spekman R E, Kamauff J W, et al. Corporate social responsibility in global supply chains: a procedural justice perspective [J]. Long Range Planning, 2007, 40 (3): 341-356.

[149] Brandenburger A M, Nalebuff B J. Use game theory to shape strategy [J]. Strategy:

Critical Perspectives on Business and Management, 2002, 4: 260.

[150] Bremmers H, Omta O, Haverkamp D J. Explaining environmental management system development: A stakeholder approach [J]. International Food and Agribusiness Management Review, 2004, 7 (4).

[151] Clift R, Wright L. Relationships between environmental impacts and added value along the supply chain [J]. Technological Forecasting and Social Change, 2000, 65 (3): 281-295.

[152] Clark M. Corporate environmental behavior research: informing environmental policy [J]. Structural Change and Economic Dynamics, 2005, 16 (3): 422-431.

[153] Chan W W. Partial analysis of the environmental costs generated by hotels in Hong Kong [J]. International Journal of Hospitality Management, 2005, 24 (4): 517-531.

[154] 王能民，孙林岩，汪应洛．绿色供应链管理 [M]. 北京：清华大学出版社，2005.

[155] 夏光．环境政策创新——环境政策的经济分析 [M]. 北京：中国环境科学出版社，2002：32，44.

[156] 陆彬，高阳．供应链的协同合作：基于商业生态系统的分析 [J]. 管理世界，2007，5：160-161.

[157] 曾文杰，马士华．供应链合作关系相关因素对协同的影响研究 [J]. 工业工程与管理，2010，15 (2)：1-7.

[158] Roberts R W. Determinants of corporate social responsibility disclosure: an application of stakeholder theory [J]. Accounting, Organizations and Society, 1992, 17 (6): 595-612.

[159] Mitchell R K, Agle B R, Wood D J. Toward a theory of stakeholder identification and salience: Defining the principle of who and what really counts [J]. Academy of management review, 1997, 22 (4): 853-886.

[160] 高红贵．中国绿色经济发展中的诸方博弈研究 [J]. 中国人口资源与环境，2012，22 (4)：13-18.

[161] 谭九生．从管制走向互动治理：我国生态环境治理模式的反思与重构 [J]. 湘潭大学学报（哲学社会科学版），2002，36 (5)：63-67.

[162] 宋国君．环境政策分析 [M]. 北京：化学工业出版社，2008：8.

[163] 刘祖云．政府间关系：合作博弈与府际治理 [J]. 学海，2007 (1)：79-87.

[164] 刘小青．公众对环境治理主体选择偏好的代际差异——基于两项跨度十年调查数据的实证研究 [J]. 中国地质大学学报（社会科学版），2012，12 (1)：60-66.

[165] 姚圣，毛子涵．生态权益、环境成本、资源损失：工业企业的环境控制体系 [J]. 中国矿业大学学报（社会科学版），2012 (1)：46-52.

[166] 章辉美，邓子纲．基于政府、企业、社会三方动态博弈的企业社会责任［J］．系统工程，2011，29：123-126.

[167] 德内拉·梅多斯，乔根·兰德斯，丹尼斯·梅多斯．增长的极限［M］．李涛，王智勇，译．北京：机械工业出版社，2006.

[168] GESAMP. Environmental capacity：An approach to marine pollution prevention［R］. UNEP regional seas reports and studies. No. 80，1986.

[169] 梁本凡．环境经济学高级教程［M］．北京：中国社会科学出版社，2010：224.

[170] 陈祖海，熊焰．基于环境与经济协调发展的环境容量分析［J］．中南民族大学学报（自然科学版），2006，25（2）：103-105.

[171] 张红，张艳．基于水环境容量资源测算山东省最优经济规模［J］．统计与决策，2008（15）：73-75.

[172] 周密，王华东，张义生．环境容量［M］．长春：东北师范大学出版社，1987.

[173] 王修林，李克强，石晓勇．胶州湾主要化学污染物海洋环境容量［M］．北京：科学出版社，2006.

[174] 郑洪波，刘素玲，陈郁，等．区域规划中纳污海域海洋环境容量计算方法研究［J］．海洋环境科学，2010，29（1）：145-148.

[175] 安志蓉，丁慧平，刘倩，等．可持续发展下企业环境成本内部化决策［J］．江西社会科学，2014（4）：44-50.

[176] 数据来源于中国汽车动态网 http：//www. chinaauto. net/xkeczx/xkcxwtt/2014-03-27/-15985. htm.

[177] 财政部. 私人购买新能源汽车试点财政补助金管理暂行办法，2010.

[178] Schoemaker P J H. Strategy，complexity and economic rent［J］. Management Science，1990，36（10）：1178-1192.

[179] 罗珉，夏文俊．网络组织下企业经济租金综合范式观［J］．中国工业经济，2011，1：89-98.

[180] 李志能，尹晨．从知识的角度回顾企业能力理论［J］．经济管理，2001，4：44-49.

[181] 杜世海，丁慧平，姜文生．供应链竞争优势的租金贡献分析与评价研究［J］．管理科学学报，2006，9：24-30.

[182] 刘倩，丁慧平．基于环境成本内部化的供应链协同收益分配：租金贡献分析［J］．北京交通大学学报（社会科学版），2014（4）：66-74.

[183] Roth A L. The Shapley Value：essays in honor of Lloyd S. Shapley［M］. New York：Press Syndicate of the University of Cambridge，1988.

[184] 徐秋爽，胡石清，程细玉 . Shapley 值特点及其局限性的讨论 [J] . 数学的实践与认识，2013，43 (4)：44-51.

[185] 董保民，王运通，郭桂霞 . 合作博弈论——解与成本分摊 [M]. 北京：中国市场出版社，2008.

[186] Dixit A, Skeath S. Games of strategy [M]. Beijing: China Renmin University Press, 2009.

[187] Grosman, G M, Krueger Alan B. Economic growth and the environment [J]. The Quarterly Journal of Economics, 1995, 110 (2): 353-377.

[188] 陈艳莹 . 可持续经济增长的实现机理研究 [D]. 大连：大连理工大学，2004.

[189] 蒋萍，余厚强 . EKC 拐点类型、形成过程及影响因素 [J]. 财经问题研究，2010 (6)：3-9.

[190] 彭峰，李本东 . 环境保护投资概念辨析 [J]. 环境科学与技术，2005，5：72-74.

[191] Poter, M E. American Green Strategy [J]. Scientific American, 1991 (4) .